*Andreas Heineke | Sven Heineke*

# 111 Orte in Dithmarschen, die man gesehen haben muss



emons:

**Bibliografische Information der Deutschen Nationalbibliothek**
Die Deutsche Nationalbibliothek verzeichnet diese Publikation in der Deutschen Nationalbibliografie; detaillierte bibliografische Daten sind im Internet über http://dnb.d-nb.de abrufbar.


Layout: Eva Kraskes, nach einem Konzept
von Lübbeke | Naumann | Thoben
Kartografie: altancicek.design, www.altancicek.de
Kartenbasisinformationen aus Openstreetmap,
© OpenStreetMap-Mitwirkende, ODbL
Druck und Bindung: Lensing Druck GmbH & Co. KG,
Feldbachacker 16, 44149 Dortmund
Printed in Germany 2020
ISBN 978-3-7408-0854-9
Originalausgabe

# Vorwort

»Dahinten wird's heller«, ist der am häufigsten benutzte Satz von Urlaubern, wenn sie in den wolkenverhangenen Himmel schauen. Wegen des Wetters kommt niemand nach Dithmarschen. Auch die Schönheit der flachen Landschaft nimmt niemanden sofort gefangen. Dithmarschen ist nicht Liebe auf den ersten Blick, es ist eine Liebe, die wachsen muss, dann aber unverwüstlich ist. Die Menschen hier lassen die Dinge auf sich zukommen, haben die Ruhe weg und sind vor allem bodenständig.

Als wir bei den Recherchen zu diesem Buch mit einem Anwohner des Dellstedter Moores sprachen, weil wir wissen wollten, ob dort Kraniche überwintern, die wir trotz vieler Stunden auf der Lauer nicht vor die Linse bekommen haben, antwortete er, »Joh, dat iss so«. Zur Sicherheit, und weil uns die Buchabgabe im Nacken saß, fragten wir ihn, ob er uns ein Foto der Tiere zukommen lassen könnte, er hätte sie ja bestimmt mal fotografiert. Seine Antwort: »Wozu? Die sind doch immer hier.«

111 Orte zu erklären und zu erforschen funktioniert nur mit dem Verstehen dieses besonderen Menschenschlages. Die Spuren der Steinzeit und der frühen Besiedelung, die Geschichte des Bauernstaates, die Schlacht bei Hemmingstedt 1500 gegen die Dänen, der unbedingte Wille zur Unabhängigkeit und die Skepsis gegen Obrigkeiten schwingen in fast jedem der 111 Orte unterschwellig mit. Daran ändert auch der Wandel nichts, der sich in Orten wie Büsum vollzieht, das sich gerade vom modernisierungsbedürftigen Nordseeort zu einem mondänen Urlaubsparadies mit Wassersportmöglichkeiten und gehobener Gastronomie entwickelt.

Ein Grund mehr, vor allem die stillen Badestellen abseits der Tourismusströme vorzustellen, die frühesten Siedlungsgebiete oder die von der Steinzeit geprägten Orte. Die sind nicht immer leicht zu finden, oft gibt es nicht einmal ein Hinweisschild. »Wieso auch, da ist ja nix«, würde der Dithmarscher sagen. Das sehen wir anders.

# 111 Orte

# 1 Der Aussichtsturm

*Zum Treppensteigen nach Albersdorf*

Eine Schönheit ist der Stahlturm am Ortsrand von Albersdorf nicht. 105 Stufen im Feuerleiterstil führen auf die 36 Meter hohe Aussichtsplattform. Das ist hoch für Dithmarschen und erst recht für die ans Flachland gewöhnten Küstenbewohner. Wer oben steht, sieht nicht nur, wer morgen zu Besuch kommt, sondern wird auch mit einem tollen Blick über den Luftkurort Albersdorf belohnt, den Riesewohld (Wald), die Geestlandschaft und den Nord-Ostsee-Kanal. Atemberaubend und skurril zugleich, wie sich Fracht- und manchmal sogar Kreuzfahrtschiffe durch die Grünlandschaft bewegen. Bei guter Sicht sieht man sogar die Kanalschleuse an der Elbmündung, so jedenfalls sagt es die Legende, doch in der Regel kann man nicht einmal die Stadt Brunsbüttel erkennen.

Das, was sich unter dem Turm befindet, ist mindestens genauso interessant, wenn auch unsichtbar. Der Turm wurde schon 1930 errichtet, litt aber unter dem rauen Klima und wurde 2008 komplett saniert. Sein Platz auf dem Kaiserberg ist ein geschichtsträchtiger Ort. Steht er doch auf einem frühgeschichtlichen Grabhügel, wie es sie viele in der Gegend gibt. Sie erzählen die Ereignisse der Jungsteinzeit, in der die Schleswig-Holsteiner den Verstorbenen aus Findlingen Grabkammern bauten. Später bestattete man die Leichname in Baumsärgen. Die neueren Gräber sind oft auf die jungsteinzeitlichen Grabstätten gebaut worden, wodurch sich die Erhebungen rund um den Aussichtsturm ergeben – der Beweis für die Landschaftsentwicklung der frühen Siedler an der Westküste.

Später, im Mittelalter, verlief durch den heute 3.500 Einwohner zählenden Ort der Ochsenweg, die meistbefahrene Handelsstraße zwischen Dithmarschen und dem Holsteinischen. Durch den Handel wurde Albersdorf, damals »Aluerdesdorpe«, 1281 das erste Mal urkundlich erwähnt. Diese Geschichte hat tiefe Spuren hinterlassen, noch heute ist im Wappen des Ortes das Bild eines Grabsteines abgebildet.

**Adresse** Johannes-Buhmann-Wurth 30, 25767 Albersdorf | **Anfahrt** A 23, Ausfahrt Albersdorf, in Albersdorf in Johannes-Buhmann-Wurth einbiegen, Weg vom kleinen Parkplatz am Ende der Sackgasse in den Wald, Aussichtsturm linker Hand sichtbar | **Tipp** Der 23 Tonnen schwere Brutkamp-Stein, der einst als Deckstein für ein Grab diente und als der größte Deckstein Schleswig-Holsteins gilt, befindet sich direkt neben der Wulf-Isebrand-Schule, 190 Meter entfernt Richtung Dorf.

# 2 Der Steinzeitpark

*Willkommen bei den Flintstones*

Die Gegend rund um Albersdorf ist ein archäologisches Paradies. Die vielen Grabhügel, Findlinge und Fundamente haben die Albersdorfer zu einer besonderen Idee inspiriert. Sie bauten ein 40 Hektar großes archäologisches Open-Air-Museum, das in kürzester Zeit zu einem der Top-Familien-Ausflugsziele in ganz Norddeutschland wurde.

Ein Wanderweg führt durch die vielen Originalfunde und die rekonstruierten Dörfer der Jungsteinzeit. Urige Holzhäuser, in denen meist ein kleines Feuer brennt und in denen ursprünglich Jäger und Sammler noch gemeinsam mit dem Vieh lebten, mystische Grabstätten oder in Stein geschlagene, gewundene Tunnel, durch die nur Kinder krabbeln können. Ständig gibt es auf dem Gelände Neues und Verblüffendes zu entdecken. In der Mitte des Parks beschäftigen sich vor allem Kinder mit der Kunst des Jagens. Sie schießen mit Pfeil und Bogen auf ein nachgebautes Wildschwein, lernen die Regeln von alten mittelalterlichen Geschicklichkeitsspielen oder besteigen einen Einbaum, den Vorgänger vom Kanu. Anders als in Freizeitparks sind die Aufgaben realistisch gestaltet. Der schmale Einbaum kann beim Paddeln umkippen, aber das Wasser ist nicht tief und auch für Nichtschwimmer geeignet. Achtung: Wechselkleidung mitbringen!

In vielen Holz- oder Lehmhütten sitzt fachkundiges Personal, das gern Auskunft gibt oder kleinen Gruppen die Kunst der Schmuckfertigung beibringt – natürlich in spärlicher Steinzeitkleidung. Besonders beliebt ist die Hütte, in der Kinder ihr erstes eigenes Messer fertigen und es natürlich hinterher auch mitnehmen dürfen. Das Feuer, um den Klebstoff für das Messer herzustellen, muss selbst entfacht werden, natürlich ohne Feuerzeug und Streichhölzer, es gibt ja Feuersteine.

Im Steinzeitpark bekommt man einen Eindruck davon, wie schwer das Leben einst gewesen ist und wie schwer sich der moderne Mensch damit tut, heute in der Natur zu überleben.

Adresse Süderstraße 47, 25767 Albersdorf, www.steinzeitpark-dithmarschen.de | Anfahrt A 23, Ausfahrt Albersdorf, von der Süderstraße rechts Abzweig zum gut ausgeschilderten Park | Öffnungszeiten April–Okt. täglich außer Mo 11–17 Uhr | Tipp Wer nach einem Besuch noch laufen kann, nimmt den Wanderweg direkt am Steinzeitpark, der in das Gieselautal führt. Ein Naturparadies.

# 3 Die Fünffingerlinde

*Das tote Mädchen und der Baum*

Die Geschichte ist schnell erzählt: In Naturschutzgebieten werden die Bäume gepflegt und in halber Höhe abgeschnitten. So ist vermutlich auch die Fünffingerlinde entstanden.

Hier die bessere Krimi-Variante: Im Dorf Odderade lebte einst ein sehr hübsches, aber auch hochnäsiges Mädchen. Eines Abends kam sie von einem Tanzfest nicht nach Hause und wurde als vermisst gemeldet. Tage später fanden der Vater und seine Freunde die Tochter unter dieser Linde liegen. Die Hände gefaltet, einen Blumenstrauß dazwischen. Als die Männer noch wie betäubt und wütend bei dem Mädchen standen, kam ein Bettler durch den Wald. Die trauernde Gruppe hielt ihn für einen Wegelagerer. Dieser floh den Weg entlang, den er gekommen war. Die Männer stellten den Bettler. Er war geflüchtet, also musste er der Mörder sein.

Seinen Unschuldsbeteuerungen schenkten die Männer keinen Glauben. Als jemand verlangte, er solle bei Gott schwören, dass er weder der Mörder sei noch diesen kenne, hob er in seiner Angst und Verwirrung die linke Hand statt der rechten zum Schwur. Das wurde als Gottesurteil verstanden, und bevor man ihn an der Linde aufhängte, rief er noch: »Diese Hand hat vor Gott die Wahrheit beschworen, und zum Zeichen meiner Unschuld soll eine Hand aus meinem Grabe wachsen.«

Viele Jahre später legte ein Mann aus dem Dorf kurz vor seinem Tod seine Lebensbeichte ab. Ein Mädchen hatte ihn, als er jung war, vom Tanzparkett in den Wald gelockt. Er war wild vor Begehren. Als sie ihn aber zurückwies, packte er sie am Hals, bis sie leblos dalag. Er gab ihr Blumen in die Hand, ging wieder zum Tanzsaal und tat so, als ob nichts geschehen sei. Der zu Unrecht gehängte Mann aber behielt recht. Dort, wo man ihn vergraben hatte, wuchs mit den Jahren eine fünffingrige Linde aus dem Boden, die sich noch heute wie eine zum Schwur erhobene linke Hand in den Himmel reckt. Für die Besucher ist das der spannendere Grund, die Fünffingerlinde aufzusuchen.

Adresse Riesewohld 1, 25767 Arkebek | Anfahrt von der B 431 rechts auf Tennsbüttler Straße, geradeaus auf Nordhastedter Straße, dann 400 Meter bis zum Parkplatz, Fünffingerlinde ab Parkplatz ausgeschildert | Tipp Im Riesewohld befindet sich eine Info-Station mit weiteren Geschichten aus dem Naturschutzgebiet und vielen Infos über die dort lebenden Tiere (Riesewohld 2). Zu erreichen ist sie über den Wanderweg vom Parkplatz aus. Das Häuschen steht auf der nächsten Lichtung.

# 4 Der Hof Mohr

*Trecker fahren auf dem Hof*

Trecker, Trecker und noch einmal Trecker – mit oder ohne Anhänger, vom Maishäcksler bis zum Rübenroder. Hier darf jeder mal fahren. Nur das Format ist ein anderes. Maßstab 1:32. Sonst ist alles realistisch, und es geht auf dem 250 Quadratmeter großen Gelände zu wie im richtigen Bauernleben.

Die Trecker werden per Fernbedienung über Brücken, kleine Straßen oder Höfe gesteuert. Das Feld soll bearbeitet werden? »Das geht los«, lautet die Redewendung der Dithmarscher. Jetzt kann gepflügt und gegrubbert werden, auf Feldern, die aus Kaffeesatz bestehen. Die Spuren darin sehen toll aus, doch der Anblick währt nur kurz, denn schon kommt der nächste Treckerfahrer und fährt neue Muster mit einem anderen Gerät in den Boden. Auch der Parcours hat seine kleinen Herausforderungen. Um zu der Sortieranlage zu kommen, die am Ende die aufgelesene Ware in ihre Bestandteile wie Kaffeepulver und Mais trennt, muss der Trecker über eine Schwebbrücke gelenkt werden, die einen Anlagen-Abschnitt vom anderen trennt.

Auf dem Hof Mohr wurde an alles gedacht. Es gibt Ställe mit Kühen und Schweinen, es sieht nach einem riesigen landwirtschaftlichen Betrieb aus. Wem das Treckerfahren zu langsam ist, der wechselt auf die Miniatur-Rennwagen und jagt damit über den Kunst-Asphalt.

Erschaffen wurde das Treckerparadies von Gerd Mohr. Er hat sein Hobby zum Beruf gemacht und mit viel Liebe zum Detail Europas größte landwirtschaftliche Miniaturanlage erschaffen. Die richtige Anlage am richtigen Ort, denn Treckerfahren ist den Menschen aus dem Bauernstaat Dithmarschen in die Gene gepflanzt worden, und so leben schon Kinder auf Geburtstagsfeiern hier ihre Leidenschaft aus. Allerdings sollte man sich vorher anmelden, auch wenn man in kleineren Gruppen die Landwirtschaft für sich entdecken möchte. Besonders beliebt ist es, eigene Modelle mitzubringen, die allerdings kosten zwei Euro extra.

**Adresse** Gerd Mohr, Westereschweg 16, 25704 Bargenstedt, Tel. 04832/908630, www.controlarena.de | **Anfahrt** A 23, Ausfahrt Meldorf / Albersdorf, dann Richtung Meldorf und der B 431 bis Hafenchaussee folgen | **Öffnungszeiten** Besuch nur nach Anmeldung; Eintritt: ab 6 Jahre 3 Euro | **Tipp** In Meldorf gibt es eine zweite Anlage, dort ist keine Anmeldung erforderlich (Jungfernstieg 4B, Mi – Fr 14 – 17 Uhr, Sa, So 11 – 17 Uhr).

# 5 Die historische Altstadt

*Wohnen im Rechteck*

Erst kommt der Friedhof, danach die Kirche und am Ende die Stadt. So entstanden zahlreiche Orte mit historischem Ortskern, doch fast nirgendwo kann man diese Vorgehensweise so plastisch nachvollziehen wie in diesem streng rechteckigen Grundriss. Ursprünglich lag der Ort direkt an der Elbe, doch die vielen Sturmfluten und Deichdurchbrüche machten das Leben am Fluss über die Jahre unmöglich. Die Häuser wurden aufgegeben, das Dorf mit Friedhof und Kirche wurde neu errichtet.

Angefangen hat man 1654 mit dem Friedhof (heutiges Marktgeviert), dann kamen die historischen Fachwerkhäuser hinzu. Das älteste Gebäude ist die Jakobuskirche von 1678, die allerdings 1723 nach einem Blitzeinschlag niederbrannte und innerhalb von drei Jahren neu gebaut werden musste. Auch die Häuser wurden Opfer der Flammen, sodass die meisten inzwischen aus dem 18. Jahrhundert stammen und in ihrer rechteckigen Anordnung diesem Ort einen unvergleichbaren Charme verpassen. Später kamen in den angrenzenden Straßen Osterstraße, Norderstraße und Reichenstraße im Nordwesten noch weitere Häuser hinzu, die inzwischen fast alle unter Denkmalschutz stehen und zu den meistfotografierten Gebäuden von Brunsbüttel gehören. In den 80er Jahren hat die Stadt dieses einzigartige Erbe erkannt und einen Teil der denkmalgeschützten Substanz und der Straße erneuert.

Seitdem sind viele der Gebäude wieder zu besichtigen. So auch das alte Pastorat, in dem heute ein Café ist, oder das Matthias-Boie-Haus von 1779, das als das schönste Fachwerkhaus Dithmarschens gilt und in dem sich heute ein Restaurant befindet. Die meisten Besucher zieht es allerdings neben der Kirche in das Heimatmuseum, in dem die Geschichte Brunsbüttels anhand von Fotos, Karten und Dokumenten mitsamt ihrer bewegten Walfangvergangenheit nacherzählt wird.

Der Eintritt in das Museum ist kostenlos.

**Adresse** Markt, 25541 Brunsbüttel | **Anfahrt** von Itzehoe kommend auf der B 5 Richtung Brunsbüttel, dann auf die Marner Chaussee über Ochsenmarkt, Reichenstraße bis zur Altstadt | **Tipp** Ein Besuch der Jakobuskirche in der Mitte der Altstadt mit der »Königsloge«, die die Brunsbüttler ihrem Landesherrn Friedrich IV. widmeten, lohnt sich.

# 6 Die Knotenrallye

*Auf den Spuren der Seemänner*

»Eine Schlange taucht aus dem Teich, kriecht um den Baum und taucht wieder in den Teich zurück.« Mit diesem Merksatz haben Millionen von Seglern und Motorbootfahrern den gefürchteten Knoten Palstek gelernt, jenen Knoten, den man zwingend zum Festmachen eines Bootes benötigt.

Und wie ist es mit dem Schotstek, dem Achterknoten, dem Rundtörn oder dem Kreuzknoten? Noch nie gehört? Dann wird es höchste Zeit, an der Knotenrallye in Brunsbüttel teilzunehmen! Und das geht so: An der Touristeninformation neben dem Atrium und im Heimatmuseum am Gustav-Meyer-Platz holt man sich ein kostenloses Knotenheft, in dem genau steht, welchen Knoten man wo und wann braucht. Dann beginnt die Rallye durch Brunsbüttel, die gleichzeitig auch eine Stadttour ist. An fünf Orten in Brunsbüttel bekommt man jetzt Knotenunterricht: in der Spieldeck (Kreystraße), am Gustav-Meyer-Platz, am Rathausplatz (Koogstraße), am alten Seglerhafen (Auf dem Deiche) und vor dem Heimatmuseum (Markt). An jedem dieser Orte gibt es eine detaillierte Anleitung.

Einige Knoten brauchen Übung, andere gehen schneller, wie zum Beispiel der Kreuzknoten, der auch Altweiberknoten genannt wird. Beim Palstek dagegen hat es schon Staus vor den Seilen gegeben!

Hat man die Aufgabe bestanden, kann man seine Leistung mit einem an der Tafel angebrachten Stempel in seinem Heft besiegeln. Prüfung bestanden! Zusätzlich erfährt man vor Ort auch, wofür der gerade erlernte Knoten benötigt wird. Zum Schluss bringt man sein Stempelheft zurück zur Touristeninformation und tauscht es gegen einen Coupon ein. Es gibt viele Preise zu gewinnen. Für die künftigen Seemänner und -frauen ist die Belohnung natürlich besonders wichtig, und zusammen mit Kindern ist diese kleine Tour ein Riesenspaß. Noch spannender kann man die Tour gestalten, wenn man die Zeit stoppt und schaut, wer am schnellsten geknotet hat.

Oft gewinnen übrigens die Kinder.

**Adresse** Gustav-Meyer-Platz 2, 25541 Brunsbüttel | **Anfahrt** in Brunsbüttel auf die Westerbütteler Straße, auf Ostermoorer Straße bis zum Gustav-Meyer-Platz, gebührenpflichtiger Parkplatz direkt am Atrium neben der Touristinfo (Tel. 04852/885213), Stempelkarten dort erhältlich | **Tipp** Am Parkplatz startet auch der Wanderweg entlang des Nord-Ostsee-Kanals, der zu den beliebtesten Spazierwegen gehört.

# 7 Die Leuchtfeuer

*Mehr als nur zwei Leuchttürme*

»Und alt wie der Mensch ist die Sehnsucht nach der Ferne«, sangen Element of Crime 1991. Genau dieses Gefühl durchströmt einen, wenn man an der Mole 1 und 2 in Brunsbüttel an der Elbe steht. Seit der offiziellen Eröffnung des Nord-Ostsee-Kanals (damals noch Kaiser-Wilhelm-Kanal) am 21. Juni 1895 dienen sie als Wegweiser für die Einfahrt. Damit sind sie die beiden ältesten Leuchtfeuer und stehen inzwischen sogar unter Denkmalschutz.

Die baugleichen Molen, Nummer 1 in Schwarz-Weiß und Nummer 2 westlich gelegen in Rot-Weiß, sind mit ihrem achteckigen Galerieturm, ihrem kuppelartigen Dach und den reich verzierten Wetterfahnen ein Blickfang. Aber für die Seeleute sind sie mehr als ein Wegweiser, sie sind ein Symbol für das Nachhausekommen nach beschwerlicher Reise oder für den Aufbruch, je nachdem welche Heimatfahne das Schiff trägt.

Bis in die 1990er Jahre hielten die Leuchtfeuer durch, doch dann mussten sie grundsaniert werden. Die Molenköpfe drohten einzustürzen. Der Turm von Mole 1 musste entfernt werden, um einen Neuaufbau der Mole zu ermöglichen. Pünktlich zum 100-jährigen Jubiläum des Nord-Ostsee-Kanals konnte er 1995 wieder aufgestellt werden. Mole 2 wurde 2013 im Zuge der Schleusensanierung sogar komplett abgebaut, weil die Molenmauer um 50 Meter verlängert werden musste.

Leuchtfeuer haben in der modernen Seefahrt längst an Bedeutung verloren. Vielerorts sind sie demontiert worden, doch in Brunsbüttel werden sie noch immer benötigt. Die Einfahrten in den Kanal gelten als schwierig, und die Lotsen fordern die Leuchtfeuer noch immer als visuelle Einfahrtshilfe. Zu einer gewissen Berühmtheit haben sie es 1922 gebracht, als sie das Motiv des 25-Pfennig-Not-Geldscheins wurden. 2005 wurden sie auf einer Sonderbriefmarke verewigt. Der Turm ist für Fußgänger und Radfahrer leicht zu erreichen, der Innenraum aber ist für die Öffentlichkeit nicht zugänglich.

Adresse Alte Zentrale 4, Brunsbüttel | Anfahrt Cuxhavener Straße in Brunsbüttel bis zum Ende fahren, Parkplätze beim Wasserstraßen- und Schifffahrtsamt, am Gebäude vorbeigehen, dann links runter zur Mole | Tipp Schön anzusehen sind auch die Lotsenschiffe an der Mole, die den Kapitänen bei der Einfahrt helfen und hier Tag und Nacht auf die großen Pötte warten.

# 8 Die Schleusen

*Der Duft der weiten Welt*

Der Blick von den beiden Aussichtspunkten auf die vier Schleusenkammern an der großen Brunsbüttler Schleuse gehört zu den spektakulärsten Anblicken in Dithmarschen. Wenn die gigantischen Pötte in die Schleuse fahren und das Wasser angeglichen wird, sich die riesigen Kammern öffnen und die Schiffe sich heben und senken, spätestens dann wird man zum Schiffsspotter. 90 Schiffe fahren täglich durch den Nord-Ostsee-Kanal, und alle müssen direkt vor den Aussichtsplattformen anlegen. Das Wasser muss angeglichen werden, erst dann kann die Fahrt fortgesetzt werden.

Das Verkehrsaufkommen im Nord-Ostsee-Kanal ist gut doppelt so hoch wie auf dem Sueskanal und um zwei Drittel höher als auf dem Panamakanal. Dank des 1895 fertiggestellten Kaiser-Wilhelm-Kanals, der erst später in Nord-Ostsee-Kanal umbenannt wurde, sparen die Schiffe 250 Seemeilen, das entspricht 463 Kilometern.

Und sie alle müssen durch die beiden Schleusen, die seit 1914 ununterbrochen in Betrieb sind. Und genau das ist das Problem: Bei Wartungsarbeiten hat man festgestellt, dass die große Schleuse mit ihren zwei Schleusenkammern dringend restauriert werden und daher für mehrere Jahre gesperrt werden müsste. Eine Katastrophe für den Schiffsverkehr und die Wirtschaftlichkeit des Nord-Ostsee-Kanals. Dem Land bleibt nichts anderes übrig, als eine neue Schleuse zu bauen, die während der Restaurierung übernehmen muss. Die riesige Baustelle für die fünfte Schleuse ist von den beiden Aussichtsplattformen gut zu sehen.

Zu erreichen sind die Ebenen über einige Stufen. Oben angekommen, führt ein Weg entlang der Schleuse, den man nach Herzenslust hin- und hergehen kann. Da die Wartezeit sich trotz der Verkehrsdichte manchmal hinzieht, helfen die vielen Informationstafeln, die über den spektakulären Bau der Schleuse mit all seinen unvorstellbaren Herausforderungen oder über den Nord-Ostsee-Kanal informieren. Langweilig wird es hier nie.

Adresse Gustav-Meyer-Platz, 25541 Brunsbüttel | Anfahrt in Brunsbüttel auf die Westerbütteler Straße, dann auf Ostermoorer Straße bis zum Gustav-Meyer-Platz, gebührenpflichtiger Parkplatz, Schleusen von dort sichtbar | Tipp Direkt an den Schleusen liegt das kleine Museum Atrium. Hier gibt es viele Informationen zu den Schleusen, und es können auch Führungen gebucht werden. Das ganze Spektakel kann man übrigens auch vom Deich an der Elbe aus gut beobachten.

# 9 Das Quellenbad

*Schwimmen in der Natur*

»Bunsoh? Das kenne ich, da habe ich schwimmen gelernt!«, lautet die Antwort vieler Kinder der 60er und 70er Jahre auf die Frage, ob sie den 900-Einwohner-Ort im Herzen von Dithmarschen kennen. In Bunsoh gibt es seit 1957 ein Schwimmbad, das vollkommen ohne Chlor, künstliche Wassererwärmung oder Umwälztechnik auskommt.

Die Idee zu dem ungewöhnlichen Freibad kam den Einwohnern der Gemeinde Bunsoh im Jahr 1952. Der kleine Bauernort sollte attraktiver werden, und man nutzte die Quelle im Wald für einen spektakulären Plan. Ein eigenes Natur-Freibad, ganz ohne Chlor, sollte her. Drei Jahre lang war so gut wie jeder Mensch in Bunsoh an dem Bau dieses Bades beteiligt. Mit Pferdewagen, Spaten und einigen wenigen Treckern der reichsten Bauern im Ort wurde das Erdreich abgetragen.

Nach der Eröffnung 1957 war das Quellenbad in Bunsoh *die* Sommer-Attraktion weit über die Grenzen von Dithmarschen hinaus. Bis zu 1.200 Gäste täglich kamen, um ins Wasser zu springen, aber auch, um an Wettkämpfen teilzunehmen. Zu den Schwimmmeisterschaften im Quellenbad reisten bis zu 2.000 Zuschauer an. Als rund um das Bad Holzhäuser errichtet wurden, verbrachten Kinder in Freizeiten ihre Sommerferien am und im Becken. Bis die Ferienanlage in den 90er Jahren schließlich zu teuer wurde und sich kein Käufer für sie fand. Die Häuser sind inzwischen abgerissen, das Waldstück ist wieder in seinem natürlichen Zustand.

Seit 2000 engagiert sich ein eigens gegründeter Förderverein für den Erhalt dieses einzigartigen Ortes. Ein Schwimmbad, das überlebt hat und ganz natürlich viele Nachhaltigkeitsziele erfüllt. Das Wasser ist übrigens nie wärmer als 24 Grad, dann nämlich könnten sich Kolibakterien ausbreiten, und es müsste Frischwasser hinzugeführt werden. So bleibt der Sprung vom antiquierten Dreimeterbrett aus den 50er Jahren ins durchschnittlich 18 Grad kalte Wasser immer eine Erfrischung.

**Adresse** Ohlen-Dieks-Weg, 25767 Bunsoh, www.quellenbad-bunsoh.de | **Anfahrt** von Albersdorf Landstraße nach Bunsoh, in Bunsoh auf Ohlen-Dieks-Weg, Schwimmbad gut ausgeschildert | **Öffnungszeiten** Mitte Mai–Anfang Sept. täglich 14–19 Uhr, Eintritt: Erwachsene 4 Euro, Kinder 2 Euro | **Tipp** Alternativ kann man der Beschilderung »Café Auszeit« folgen, das ebenfalls auf dem Gelände liegt.

# 10 Das Ditmarsium

*(Blei-)Pflaster aus der Spanschachtel*

Die besten Geschichten beginnen mit Kellerfunden. So wie diese: Als der Apotheker Peter Sommer 1980 beim Aufräumen eine Schleswig-Holsteinische Medizinalverfassung von 1834 findet, ist sein geschichtliches Interesse geweckt. Er sucht nach weiteren Spuren und entdeckt eine fast komplette Apothekensammlung im Arzneikeller und in den Räumlichkeiten, die damals notwendig waren, als Medikamente noch von den Apothekern selbst zusammengemischt werden mussten.

Die Exponate werden identifiziert und aufgearbeitet, und so entsteht unter seiner »privilegierten Apotheke am Markt in Burg« eine Art kleines Museum, das 2003 umzieht, in dem damaligen Burger Museum ein neues Zuhause findet und erstmals für die Öffentlichkeit zugänglich gemacht wird. 2010 verkauft Peter Sommer schließlich seine Apotheke, doch sein Nachfolger gibt nach acht Jahren auf. Seit 2018 ist die ehemalige Apotheke ein Wohnhaus, doch noch immer hängt das Apothekenschild am Haus.

Die neue Heimat der Fundstücke ist seit 2020 das »Apotheken-Gewerbe und Schifffahrtsmuseum Ditmarsium«. Hier steht die komplette alte Apotheke mit schrägen Arzneimitteln wie dem (Blei-) Pflaster aus der Spanschachtel, das selbst zusammengekocht wurde, und einer kompletten Giftkammer hinter einem Lattenverschlag mit einem Giftschrank, in dem einst auch Arsen zu finden war oder eine Infusion aus der Brechwurzel zur Bekämpfung einer Erkältung. Das Mittel wirkte »auswurffördernd«, heißt es.

Im Ditmarsium bekommt jeder Besucher am Eingang ein Tablet und taucht multimedial in eine vergangene Welt ein, die nicht nur aus Apothekeninventar besteht. Es gibt einen Tante-Emma-Laden, eine Zahnarztpraxis oder ein Schifffahrtsmuseum, das man multimedial erforschen kann. Dabei erlebt man, wie die Entwicklung vom Einbaum bis zum Containerschiff verlief. Das neue Schiffer-Café mit überdachter Terrasse bietet einen herrlichen Blick auf den Apothekergarten.

Adresse Große Mühlenstraße 6, 25712 Burg, www.burger-museum.de | Anfahrt Museumsgebäude im Ortszentrum, Weg dorthin ausgeschildert, an der großen Kreuzung »Holzmarkt« dem Wegweiser Richtung Brunsbüttel/Buchholz folgen, bei der Burger Bücherecke in die große Mühlenstraße abbiegen | Öffnungszeiten Mai–Okt. Di–So 14–17 Uhr, Eintritt: Erwachsene 4 Euro, Schüler 2 Euro, Kinder frei, Tablet 1 Euro | Tipp In den Sommermonaten werden Kutschfahrten durch Burg und Umgebung von der Familie Boje Söhl angeboten (Tel. 0482/51311).

# 11 Die Mosterei

*Apfelsaft aus Nachbars Garten*

Im Herbst stauen sich in der kleinen Straße in dem Luftkurort Burg die Autos. Manche haben ihre Äpfel in Eimern im Kofferraum gelagert, andere kommen mit kleinen Anhängern oder aus der Nachbarschaft sogar mit Schubkarren an. Sie wissen, dass in der landesweit ältesten und einzigen Süßmosterei der Apfelsaft vollkommen unbehandelt und rein ist.

Bringt man seine Äpfel in die Mosterei, erlebt man so eine Art »Sendung mit der Maus« für Apfelbaumbesitzer. Die Früchte werden gewogen, dann in einem Schwemmsilo schonend zum Pressen transportiert und dabei gereinigt. Erst in den großen Stahlpressen in der Halle verschwinden sie aus dem Blickfeld. Alle Äpfel werden innerhalb weniger Tage verarbeitet und kommen direkt in die Flasche. Auf Ascorbinsäure oder gar Zucker wird verzichtet.

Die Mitarbeiter zeigen vor allem Kindern gern das Reich des Apfelsaftes, vorausgesetzt, sie haben Zeit, denn von September bis Ende November wird hier hart gearbeitet. In der 70 Jahre alten Süßmosterei »Deutsche Eiche« werden die Äpfel nur einmal gepresst, das garantiere die beste Saftqualität, sagen die Besitzer Schmidt, die die Mosterei bereits in dritter Generation leiten.

Die eigenen Äpfel bekommt man allerdings nicht in die Flasche, das ist bei dem Andrang im Herbst kaum möglich. Das stört aber niemanden, denn Obst aus dem Privatgarten ist in der Regel ungespritzt. Das Geschäft für den Kunden lohnt sich: Für rund 100 Pfund Äpfel bekommt man 40 Flaschen für jeweils 70 Cent. Wem das zu viel ist, der erhält Gutscheine, die auch im folgenden Jahr noch gültig sind. Auch für Nicht-Gärtner lohnt sich ein Besuch, denn der angeschlossene Getränkemarkt verkauft das ganze Jahr über alle gängigen Getränke, selbst gemachte Limonaden, Wasser aus dem eigenen Brunnen und natürlich Apfelsaft klar oder naturtrüb. Für »normale« Kunden kostet die Flasche dann 1,15 Euro. Der Dithmarscher hat in der Regel mehrere Kisten Apfelsaft im Keller.

**Adresse** Waldstraße 108, 25712 Burg, www.deutsche-eiche-schmidt.de | **Anfahrt** vom Holzmarkt kommend links in die Waldstraße einbiegen, Mosterei linker Hand | **Öffnungszeiten** Mo, Di, Do, Fr 9–12 und 14–18 Uhr, Mi 9–12 Uhr, Sa 9–12 Uhr | **Tipp** In Burg gibt es auch ein beliebtes Waldschwimmbad (Am Sportplatz 10).

# 12 Riedel's Gasthof

*Das gutbürgerliche Metal-Hotel*

1967 war das innovativste Imbissgericht die »Currywurst«, und genau die bot Riedel's Gasthof als einer der ersten in Dithmarschen an. Nun ist der Dithmarscher eher in Maßen experimentierfreudig und bestellt lieber das, was er kennt, und so blieb der Renner weiterhin »Knackwust mit Kartoffelsalat«. Der Imbiss wurde im Laufe der Jahre zu einer Institution, vor allem für die Jugendlichen, die sich stundenlang vor den Flipperautomaten und den Videospiel-Konsolen austobten. Und natürlich gab es eine Musikbox, die heute noch voll funktionsfähig im Flur steht. »So sahen früher MP3-Spieler aus«, erklären Jens-Günter Riedel und seine Ehefrau Ute das Gerät gern den jungen Gästen.

Den Imbiss gibt es inzwischen nicht mehr, dafür ist das Haus Riedel zu einem gutbürgerlichen Restaurant und einem Hotel mit zwölf Zimmern geworden. Gebucht wird per Telefon oder E-Mail, »die Onlineplattformen werden nur von Verbrechern betrieben«, so der Gastgeber. Gerhard Riedel, Sohn der Gründerin Annita, ist für den Saalbetrieb zuständig. Die Arbeit in den Hotelzimmern teilt er sich mit seiner Frau, der »Küchenmeisterin«. Vor allem lebt das Hotel von seinen Stammgästen, die Jahr für Jahr herzlich begrüßt und verpflegt werden. Der älteste Stammgast ist 93 Jahre alt und genau wie die Besitzer zu jedem Blödsinn an der Theke bereit.

Die Atmosphäre ist familiär, das Haus wurde 2011 komplett renoviert und hat sich dem boomenden Fahrradtourismus in Dithmarschen angepasst. Es gibt extra einen Unterstellplatz.

Ausgebucht ist das Hotel traditionell zum Wacken-Open-Air-Festival. Wenn die in schwarz gekleideten Metal-Fans von der Familie erfahren, dass sie ihre Schuhe bitte vor der Hotelzimmertür auszuziehen haben, haben sie Verständnis. Das Wacken-Festival ist auch oft eine Schlammschlacht, und der Metal-Fan als solcher befolgt nur allzu gern Hausregeln. Daher sind die Fans immer herzlich willkommen.

Adresse Nantzstraße 3, 25712 Burg, Tel. 04825/8262, www.riedelshotel.de | Anfahrt am Kreisel über die Buchholzer Straße und dann scharf links in die Nantzstraße abbiegen | Öffnungszeiten Restaurant: Mo, Di, Do, Fr 9–14 und 16–22 Uhr, So nur bis 16 Uhr, Mi erst ab 16 Uhr, Sa geschlossen | Tipp Vom Parkplatz am Hotel führt eine kleine Seitenstraße an historischen Gebäuden vorbei direkt in den Ortskern.

# 13 Das Waldmuseum

*»Nimm dir Zeit, du bist im Wald«*

»Sie haben Zeit, Sie sind im Wald«, lautet das Motto des Burger Waldmuseums, und das sollte man sich hier tatsächlich immer wieder sagen. Um all die Naturschätze des Waldes zu verstehen, bedarf es Muße.

Das Museum liegt auf einem 61 Meter hohen Hügel in einem Waldstück. Im Gebäude führt eine Treppe über 82 Stufen bis zum höchsten Punkt auf dem Aussichtsturm. Bei klarem Wetter hat man von hier aus einen tollen Weitblick über Dithmarschen, der bis zur Elbmündung reicht. Wälder gibt es nicht viele in der Region, und so ist dieser Wald mit seinem Museum ein echtes Kleinod.

In dem idyllisch gelegenen Backsteingebäude gibt es alles zu entdecken, was im Wald lebt, kriecht, fliegt und wächst. Per Knopfdruck zwitschern vom Spatz bis zum Steinadler verschiedene Vogelpräparate, es quaken Frösche, oder man hört das Geräusch eines Hausbocks, wie er im Gehölz nagt. Es gibt Eichhörnchen, Marder und sogar Elche, die natürlich noch viel weiter nördlich leben. Man lernt an jeder Station Neues. Warum frisst welches Tier welches andere Tier am liebsten? Welches Fell gehört zu welchem Tier? Das erlangte Wissen wird am Ausgang per Quizbogen abgefragt, und so wird der Museumsbesuch ganz nebenbei noch zum Spiel.

Danach geht es raus auf den Naturlehrpfad, in die Welt der Bienen und Spinnen und zu den Nistkästen der Fledermäuse. Da sie vom Aussterben bedroht sind, versucht man, ihren Lebensraum weiter auszubauen und zu erhalten. Auf den großen Lehrtafeln wird das gesamte Waldleben auch Kindern anschaulich erklärt. Apropos Kinder: Für die gibt es natürlich auch noch einen großen Spielplatz am Ausgang. Und überhaupt würde es das Museum ohne die Kinder gar nicht geben. Entstanden ist es 1968 aus der Schulwaldarbeit der Realschule Burg. Ein Museum für Kinder von Kindern, in dem auch Erwachsene alles über den heimischen Wald lernen können.

**Adresse** Waldstraße 141, 25712 Burg, www.waldmuseum.de | **Anfahrt** A 23, Ausfahrt Schafstedt, Richtung Burg, 15 Minuten Fahrzeit über Eggstedt und Hochdonn, in Burg vom Papenknüll in die Waldstraße, Parkplatz rechter Hand | **Öffnungszeiten** Di–So 11–17 Uhr, Mo geschlossen | **Tipp** Man kann von Mai bis August an jedem letzten Freitag im Monat eine Fledermausführung buchen. Die Tour startet am Klärwerk in Burg.

# 14 Das Deichmuseum

*Reise durch die Dithmarscher Lebensversicherung*

Ein Museum ohne Öffnungszeiten und ohne Eintritt, das gibt es selten. Doch im Deichmuseum bei Büsum ist das so. Es handelt sich um ein Freilichtmuseum, das die bewegte Geschichte des Dithmarscher Deichbaus seit dem 12. Jahrhundert erzählt. Zwangsläufig mussten die Büsumer sich von jeher mit den Sturmfluten beschäftigen, denn einst war der beliebte Urlaubsort eine Insel, die zum größten Teil von der Nordsee überschwemmt wurde. Nur noch ein kleiner Teil ist übrig geblieben und gehört heute mit zur Küstenstadt. Seit Jahrhunderten versuchen die Menschen, sich vor diesen Sturmfluten zu schützen. Wie, das kann man eindrucksvoll an den drei künstlich aufgeschütteten Deichstücken sehen und auf den vielen Schautafeln nachlesen.

Im frühen Mittelalter wurden die Menschen noch durch Erhöhungen im Boden vor dem Meer geschützt, sogenannten Warften aus Mist und Erde, wie es sie heute noch auf den Halligen gibt. Erst 1200 wurde in Büsum der erste Deich errichtet. Gerade mal 1,50 Meter hoch war er. Steigt man heute darauf, kann man sich vorstellen, wie fragil die Welt an der Küste damals gewesen sein muss.

Ein zweiter Deich aus einer Bohlenwand aus dem 16. Jahrhundert und drei Meter Höhe, gebaut von Holländern, die zu den besten Deichbauern gehörten, wurde immerhin schon mit Eichenpfosten und Stroh stabilisiert. Doch auch diese Bauweise ist nur ein Vorläufer für die in den letzten Jahren modernisierte Deichanlage. Heute ist der Schutzwall knapp neun Meter hoch, mit Sand aufgeschüttet, verdichtet und mit Gras bewachsen. Eine Investition, die das Land Millionen gekostet hat, die aber in Zeiten des Klimawandels dringend erforderlich war. Auf mehreren Schautafeln wird der Bau mit all seinen Tücken lebendig erklärt.

Zwischen den Deichen stehen Picknickbänke, die in den Sommermonaten gut besucht sind. Der Fahrrad-Ausflug von Büsum immer am Meer entlang zum Deichmuseum ist herrlich.

Adresse Neuenkoog, 25761 Büsum | Anfahrt Museum außerhalb von Büsum nahe Seedeich nach Westerdeichstrich, in der Nähe kostenloser Parkplatz P1 | Öffnungszeiten Museum immer zugänglich, Eintritt frei | Tipp Die Hochwassertafel auf dem Weg zum Museum zeigt sehr eindrucksvoll, wie hoch das Wasser steigen kann und wie klein wir dagegen sind.

# 15 Krabben frisch vom Kutter

*Pulen inmitten der Hafenromantik*

Der Fang des Morgens, die Fangquoten, die sinkenden Preise der Nordseefische und natürlich das Wetter – wer sich über diese Themen im Vorfeld informiert, kommt schnell mit den Kapitänen ins Gespräch. Sie haben immer viel zu erzählen, auch über die Konkurrenz, denn seitdem der Hafen in Friedrichskoog endgültig geschlossen wurde, liegen die Krabben-Kutter ausschließlich in Büsum.

Von April bis Oktober bauen die Fischer ihre kleinen Marktstände jeden Morgen nach der Arbeit auf dem Meer direkt vor ihren Kuttern auf. Frischer geht es nicht, Hafenromantik inklusive.

Die Krabbenfischerei an der Westküste gehört zu den ältesten Kulturtechniken der Nordseefischerei und geht bis ins 16. Jahrhundert zurück. Damals wurden die Nordseegarnelen noch mit Netzen gefangen, die über den Meeresboden gezogen wurden. Erst zu Beginn des 20. Jahrhunderts bekam der Krabbenfang eine wirtschaftliche Bedeutung, als die Motorisierung der Fischerboote sich durchsetzte. Bei der Tidenfischerei sind die Kutter auch heute noch 12 bis 14 Stunden unterwegs, wobei sie den Fang direkt an Bord verarbeiten. Dabei werden die Krabben im Meerwasser gekocht, kühl gelagert und dann an Land abgeliefert. Die meisten werden mit Lkw bis Marokko oder Osteuropa gebracht, um dort von Arbeitskräften aus Niedriglohnländern gepult zu werden. Wenn der Laster nach seiner Tour quer durch Europa zurückkommt, werden die gepulten Krabben wieder als fangfrisch angeboten.

Wer es nachhaltiger mag, pult selbst. Der tiefe Blick in die schwarzen Augen, ein geübter Griff vorn und hinten an der Schale und eine Drehung – schon ist die Krabbe zum Verzehr bereit und kostet weniger als die Hälfte. Gerade bei den ständig steigenden Krabbenpreisen sollte man sich diese Technik bei Gelegenheit von einem der Fischer erklären lassen. Sie sind beim Kauf der Nordseegarnele in der Regel sehr auskunftsfreudig und legen je nach Sympathiewert manchmal noch ein paar Krabben oben drauf.

Adresse Fischerkai 1, 25761 Büsum | Anfahrt A 23, Ausfahrt Heide-West, dann auf die B 203 und bis zum Hafen Büsum fahren, ausgeschildert; gebührenpflichtige Parkplätze vor dem großem Wohnmobilstellplatz oder direkt am Hafen | Öffnungszeiten am besten in den Morgenstunden, wenn die Kutter einlaufen, keine verbindlichen Zeiten | Tipp Das Hafenbecken wird durch ein Sperrwerk geschützt und ermöglicht auch größeren Schiffen bis zu 3,50 Meter Tiefgang oder bei Hochwasser bis zu 6,70 Meter die Zufahrt zum Hafen. Daher werden von hier aus auch Fahrten zu den Seehundsbänken sowie nach Helgoland angeboten.

# 16 Die Schlafstrandkörbe

*Nachts am Nordseestrand*

Die Maße: 1,30 Meter breit und 2,40 Meter lang. Für das Mikroabenteuer zu zweit im Strandkorb muss das reichen. Diese Meinung vertreten viele Urlauber in Dithmarschen, denn die Übernachtungsstrandkörbe liegen voll im Trend. Bewegen kann man sich tagsüber am Strand, im Watt oder in der Familienlagune der Perlebucht, dem neuen Tourismusmagneten in Dithmarschen. Die Wattinsel bietet zwischen Deich und Strand ein Outdoor-Planschbecken, ein Wassersportzentrum und einen riesigen Kinderspielplatz. Die Bucht wurde 2012 fertiggestellt und ist bereits ausgezeichnet worden.

Wenn die Touristenschwärme am Abend in ihre Ferienwohnungen und Hotels hinterm Deich verschwinden, wird es einsam auf der vorgelagerten Insel. Dann sind da nur noch das Meeresrauschen, der Sternenhimmel und der Mond über der Nordsee.

Die Schlafstrandkörbe sind komplett verschließbar, aber mit Dachfenstern versehen, sodass niemand hinein-, man aber sehr wohl herausschauen kann. Essen, Decken und alles, was sonst noch gebraucht wird, sollte mitgebracht werden, denn gemietet wird nur der Strandkorb. Eine Taschenlampe kann man für die Dauer des Aufenthaltes ausleihen, so ist der nächtliche Gang zur öffentlichen Toilette leichter. Duschen zum Abseifen gibt es keine, nur die öffentlichen an den Badetreppen, dafür kostenloses WLAN.

Hergestellt werden die Strandkörbe im nahe gelegenen Meldorf in der Werkstatt der Stiftung Mensch. Die Stiftung setzt sich für Inklusion von Menschen mit Behinderung ein und bietet vielfältige Projekte in den Bereichen Arbeit, Wohnen und Fördern an. Schon länger produziert die Stiftung in ihrer eigenen Werkstatt handgemachte Strandkörbe, die man übrigens auch als Privatperson kaufen kann (siehe Ort 69). Das Vergnügen, im Schlafstrandkorb zu übernachten, kann man von Mai bis September erleben. Die nicht gerade stabilen Preise können bei der Strandkorbvermietung nachgefragt werden.

Adresse Nordseestraße 79, 25761 Büsum | Anfahrt vom Zentrum immer am Deich entlang Richtung Süden bis zum Parkplatz P1, von dort aus circa 20 Minuten Fußweg zu den Schlafstrandkörben auf der Watt'n Insel der Familienlagune Perlebucht | Tipp Am Morgen danach gibt es auch ein kleines Frühstück, entweder im Ort, oder man bucht es bei der Vermietung dazu.

# 17 Die Kraniche im Moor

*Der Ornithologen-Treffpunkt*

Als sich 2009 das erste Kranichpaar in Dithmarschen niederließ und dort überwinterte, war die Aufregung bei den Ornithologen groß. Zugvögel, die sogar im Winter ihre Heimat nicht mehr verlassen, galten zunächst noch als Sensation. Durch den Klimawandel nimmt dieser Trend aber gerade in den letzten Jahren deutlich zu. Wo sich entsprechende Gebiete befinden, überwintern Zugvögel, die früher weitergezogen wären.

Die 620 Hektar große Moorlandschaft in der »Eider-Treene-Sorge-Niederung«, das Dellstedter Birkwildmoor, bietet die perfekten Bedingungen zum Überwintern. Der überwiegende Teil des Moores wurde in den 1920er Jahren kultiviert. Ein Schöpfwerk pumpte das Wasser aus dem Moor. Mit der Eisenbahn, der Kreisbahn (siehe Ort 81), wurden damals Dünger und Kalk in das Moor gefahren, um den Boden fruchtbar zu machen. Heute führen viele Wanderwege in das Moor. Sonnentau, Wollgras und Torfmoose, die sogenannten »Architekten« des Moores, wachsen hier wieder und bilden neuen Torf, was früher unvorstellbar schien.

Im Vordermoor gibt es einen Aussichtsturm, von dem aus immer mehr Kranich-Fans versuchen, die Tiere dabei zu beobachten, wie sie ihre Jungen großziehen. Die stolzen Zugvögel fühlen sich auf den Feuchtwiesen wohl. Tausende nutzen dieses Moorgebiet zwar immer noch nur zur Stärkung für ihre Weiterreise in die Brutgebiete Skandinaviens und Russlands, aber seitdem das Gebiet 2009 zum Naturschutzgebiet Schleswig-Holstein erklärt wurde, bleiben immer mehr Kraniche sogar in den Wintermonaten in Dithmarschen. Früh am Morgen ist der Gesang der Kraniche am intensivsten. Ein tolles Erlebnis, wenn die Männchen um die Weibchen balzen.

Aber Achtung: Zum Schutz der Tiere ist nach dem Bundesnaturschutzgesetz sowohl das Betreten der Brutgebiete als auch das Aufsuchen der Nahrungs- und Sammelplätze verboten, aber es gibt ja den Aussichtsturm.

**Adresse** 25786 Dellstedt | **Anfahrt** K 44 von Dellstedt Richtung Tielenhemme, 700 Meter hinter Ortsausgang Dellstedt rechts Abzweigung mit Parkplatz | **Tipp** Ein Fernglas nicht vergessen, denn die schönen Blaukehlchen, aber auch die Bekassine und der große Brachvogel leben außerdem in dem Moor.

# 18 Die Bargener Fähre

*»Fährmann hol över«*

»Fährmann hol över«, diese Worte werden zwischen Mai und September an den Wochenenden zwischen 10 und 19 Uhr vom Uferrand aus zur Fähre gerufen, dazu wird mit der großen Bronze-Glocke geläutet. Es scheint, als würde die Zeit stillstehen.

Erstmals wurde die Bargener Fähre 1554 urkundlich erwähnt. Seitdem hatte die Fährverbindung über die Eider zwischen Erfde-Bargen und Delve-Schwienhusen eine sowohl wirtschaftliche als auch kulturelle Bedeutung. Die Fährverbindung galt damals schon als verbindendes Element zwischen den beiden Landkreisen sowie zwischen den Menschen, die durch sie leicht soziale Kontakte zur anderen Seite des Flusses pflegen konnten. Bis die Fährverbindung 1961 durch den Bau der Pahlener Klappbrücke eingestellt wurde. Erst im Jahr 1999 hatte der damalige Bürgermeister von Erfde die Idee, den eingestellten Fährbetrieb wiederaufzunehmen. Ein Neubau der Fähre wurde in Auftrag gegeben, und in der Bootswerft »Die Wikinger« in Wilhelmshaven wurde schließlich die neun Meter lange und drei Meter breite neue Fähre gebaut. Sie ist sogar behindertengerecht, transportiert aber keine motorisierten Fahrzeuge mehr.

Seit 2001 fährt sie nun wieder. Die Fahrt nach alter Tradition durch eine der schönsten Flusslandschaften Schleswig-Holsteins kostet nur einen Euro. Kinder zahlen 50 Cent, Fahrräder dürfen umsonst mitgenommen werden. Bei diesen Preisen wird schnell klar, dass es inzwischen keinen kommerziellen Hintergrund mehr geben kann. Mittlerweile werden auch Naturerlebnis- sowie Dämmerungsfahrten angeboten, mit Verpflegung und Unterhaltung, und auch für Trauungen kann die Fähre angemietet werden.

Besonders in den Morgenstunden ist die Fahrt durch die unberührte Landschaft und umgeben vom Geräusch der Wasservögel ein Genuss. Danach noch eine Schwimmeinheit in der Eider an der Badestelle am Anleger, und der Tag kann beginnen.

Adresse Zur Alten Fähre 15, 25788 Delve | Anfahrt in Schwienhusen auf die Straße »Zur alten Fähre«, dort kleiner, gebührenfreier Parkplatz direkt an der Eider | Öffnungszeiten Mai – Sept. an den Wochenenden 10 – 19 Uhr, Reservierungen unter Tel. 04803/255 oder www.bargener-faehre.de | Tipp Es gibt auch geführte Touren zu weiteren Sehenswürdigkeiten in der Nähe, unter anderem zum Glockenturm von Delve (siehe Ort 19).

# 19 Der schiefe Turm von Delve

*Der älteste frei stehende Glockenturm Europas*

Die Bezeichnung »ältester Glockenturm auf dem europäischen Festland« erhielt dieses Bauwerk quasi über Nacht. Als die kleine Kirchengemeinde in Delve ihren schiefen Turm 2018 sanieren lassen wollte, bestellte sie zunächst einen Gutachter in den Ort, der die Kosten ermitteln sollte. Der Mann untersuchte das verbaute Holz am Turm und begann, die Jahresringe zu zählen. Was er herausfand, veränderte die Geschichte des Dithmarscher Ortes nachhaltig. Die Ringe verrieten dem Experten, dass der Turm rund 200 Jahre älter als angenommen ist und damit nicht aus dem Jahr 1550, sondern schon von 1350 stammt.

Auf dem Europäischen Festland gibt es keinen älteren frei stehenden Glockenturm. Diese Feststellung galt als Sensation, die noch eine weitere Frage aufwirft. Das Holz, so hat man herausgefunden, stammt nicht aus dem Umland. Möglicherweise kommt es aus dem Baltikum, oder aus Hamburg. Über die Eider gab es im 14. Jahrhundert einen regen Handel mit der Hansestadt.

Geklärt ist dagegen der Schrägstand des Gebäudes. Rund um die Kirche fanden im Laufe der Jahrhunderte unzählige Beerdigungen statt, wie es damals üblich war. Durch das ständige Umschichten der Erde sackte der Glockenturm über die Jahrhunderte um rund 80 Zentimeter ab. Der viele Regen an der Westküste gab dem Turm fast den Rest. Jahrelang regnete es rein und das Wasser weichte den Boden rund um den Turm auf.

Die Sanierung des Turms ist abgeschlossen, doch gerade wird dieser Turm nie wieder stehen. Betreten kann man ihn übrigens nicht, da man in Unkenntnis der heutigen Umweltauflagen das Holz mit dem imprägnierte, was damals zur Verfügung stand. Dafür läuten die Glocken im Turm noch jeden Sonntag die Schäfchen in die benachbarte St.-Marien-Kirche, die aus dem 12. Jahrhundert stammt.

Adresse An der Kirche 6, 25788 Delve | Anfahrt Abzweig zur Kirche von der Eiderstraße | Tipp Kanufahren auf der Eider: Der Kanuverleih befindet sich am historischen Höft in Delve, gleich neben dem Campingplatz Eidertal (Tel. 0162/3635702).

# 20 Die Neulandhalle

*Ein Lernort der NS-Zeit*

Was tun mit einem Gebäude, das an die dunkelste Geschichte Dithmarschens erinnert? Das war jahrelang die Frage. Insbesondere die Bewohner des Dieksanderkoogs, der 1935 Adolf-Hitler-Koog hieß und von ihm persönlich eingeweiht worden war, beschäftigte dieses Thema.

Das aufwendige Landgewinnungsprojekt diente zunächst als Ablenkungsmanöver. Man suggerierte, dass Deutschland selbst in der Lage war, neues Land zu gewinnen, und nicht die Absicht hatte, fremdes Land zu erobern. Der Adolf-Hitler-Koog sollte ein Musterlandstrich für die SA- und die SS-getreuen Dithmarscher Bürger werden, die schon seit 1931 Mitglied in der NSDAP waren.

Als zentraler Mittelpunkt wurde auf einer Wurt vom Kieler Architekten Richard Brodersen die Neulandhalle errichtet: ein Versammlungsraum der Nazis, eine Art Anti-Kirche und eine Schulungsstätte der NSDAP. Die Neulandhalle entwickelte sich schnell zu einem Wallfahrtsort für Fanatiker. Nach dem Krieg benannte man den Adolf-Hitler-Koog in Dieksanderkoog um – nur was man mit der Halle und ihrer dunklen Geschichte anstellen sollte, wusste man lange nicht. So wurde sie unglücklicherweise eine Jugendherberge, mit den Bildern der Nazis an den Wänden, und wenig später eine Gastwirtschaft, bevor sie weiter jahrelang ungenutzt blieb.

Erst seit Mai 2019 findet man hier einen »Lernort«, an dem man erfährt, mit welch perfiden Methoden die Nationalsozialisten arbeiteten. Das macht die Neulandhalle heute einzigartig und unterscheidet diesen Ort von anderen Gedenkstätten in Deutschland. Fotos, Infos und Audiofiles erzählen die Geschichte des Gebäudes. Schilder mit in Großbuchstaben stehenden Begriffen wie »Lebensraum« und »Volksgemeinschaft« sind vor der Halle aufgestellt worden. Jeder Buchstabe erzählt eine weitere Geschichte. Nach einem etwa einstündigen Rundgang verlässt man dieses Gebäude – fassungslos und tief bewegt.

Adresse Franzosensand 2, 25718 Dieksanderkoog/Friedrichskoog, www.lernort-neulandhalle.de | Anfahrt von Dieksanderkoog Richtung Deich, dann links zum Franzosensand | Öffnungszeiten April–Okt. So 11 Uhr offene Führung durch den Verein Volkshochschulen in Dithmarschen e. V., Anmeldung nicht erforderlich, Teilnahme kostenfrei; Mo 19–20 Uhr interessante Vorträge | Tipp An der Ecke Deichstraße/Norderstraße befindet sich eine Aussichtsplattform.

# 21 Der Bouleplatz

*Südfranzösisches Lebensgefühl an der Westküste*

Das Boulespiel in Dithmarschen ist ein Phänomen. Viele Orte, wie Schafstedt oder Burg, haben sich in den letzten Jahren einen eigenen Bouleplatz angelegt, auf dem sich, ganz im südfranzösischen Stil, die Dorfbewohner nach Feierabend treffen und mit einer ausgeklügelten Wurftechnik versuchen, mit ihren Eisenkugeln der Holzkugel, dem Schweinchen, möglichst nahe zu kommen. Warum die provenzalische Nationalsportart Pétanque, besser bekannt als Boule, ausgerechnet in Dithmarschen so beliebt ist, bleibt rätselhaft. Aber vielleicht trägt die Geschichte des Ehepaares Hans und Lydia Ottolski aus Dingen zum Verständnis bei.

Während eines Kuraufenthaltes in Südfrankreich 1990 wurde das Ehepaar Zeuge eines Bouleturniers und war auf Anhieb begeistert. Einfache Regeln, wenig Aufwand, die schweren Eisenkugeln trotzen dem Wind, perfekt. Zurück in der Heimat bauten sie sich einen eigenen Bouleplatz in den Garten und trafen sich fortan regelmäßig mit Freunden und Nachbarn zum Spiel. Ihre Begeisterung war ansteckend, und so wurde 2000 der Verein »Pétanquefreunde Dingen« gegründet und ein großer Platz im Ort errichtet.

Wenige Jahre später wurde er erweitert, die Gemeinde stellte Fördergelder bereit, baute acht weitere Plätze und installierte sogar eine Flutlichtanlage. Inzwischen finden auch Ligaspiele statt, und einige Mitglieder der »Pétanquefreunde Dingen« schafften es bis zur Landesauswahl.

Auch wenn der Ansturm in den letzten Jahren ein bisschen nachgelassen hat, wird je nach Wetterlage dienstags ab 18 Uhr und samstags ab 18.30 Uhr regelmäßig trainiert. Jeder Spieler ist willkommen, auch Anfänger sind gern gesehen. Boulekugeln sind in begrenzter Zahl vorhanden, wer seine eigenen mitbringt, kann jederzeit spielen und sich ein bisschen wie in der Provence fühlen, wo das Geräusch der aneinanderschlagenden Boulekugeln genauso zum Lebensgefühl gehört wie der Rosé und der Pastis.

Adresse Westerstraße 16b, 25715 Dingen, Ortsteil Dingerdonn | Anfahrt in Dingen von der Hauptstraße in den Mittelweg abbiegen, dann rechts in die Westerstraße | Öffnungszeiten Bouleplatz öffentlich und das ganze Jahr über bespielbar | Tipp Wer gern wandert: Die »Eddelaker Wanderfreunde« bieten auch für Gäste wöchentlich geführte Wanderungen an. Infos und Termine gibt es im Fremdenverkehrsbüro oder beim Vorsitzenden Dieter Peters (Tel. 04855/623).

# 22 Die Bäckerei Werner Helm

*Der Kekse-Bäcker*

Werner Helm steht seit 25 Jahren jede Nacht um drei Uhr auf und geht in die Backstube. Seine Handwerkskunst braucht Zeit, denn das, was er backt, gehört in die Kategorie »vorzüglich«. Nur noch wenige Backstuben leisten sich den Luxus, von der Sahnetorte mit selbst gemachtem Boden bis zum Keks alles in Eigenproduktion herzustellen. Billigprodukte werden vermieden, »die Zutaten machen den Geschmack«, weiß der Bäckermeister der alten Schule.

Berühmt ist die kleine, auf den ersten Blick unscheinbare Bäckerei für seine Eistorten. Für sie kommen die Kunden aus ganz Dithmarschen, und sie tragen die Torten kartonweise aus dem Laden. Gaststätten lassen sich beliefern. Ob Hochzeit, Konfirmation oder Geburtstag, die Torte von Werner Helm gehört auf die Kaffeetafel. Beliebt vor allem bei Kindern ist die Bäckerei aber wegen ihrer 16 unterschiedlichen Kekssorten.

Schon die Vorgänger und die Vorvorgänger im frühen 19. Jahrhundert haben es sich zur Gewohnheit gemacht, jedem Kind, das mit seinen Eltern zum Einkaufen kam, einen Keks zu schenken. Mit leuchtenden Augen stehen die Kinder vor der üppigen Auslage und können sich oft nicht entscheiden. Das ist auch schwierig, denn nachbacken kann sie niemand, die Rezepte sind geheim und werden seit über 100 Jahren von einem Besitzer zum nächsten weitergegeben. So hat der Oma-Lotte-Keks eine rührende Geschichte, denn er ist nach der gerade verstorbenen Mutter von Sabine Helm benannt. Er wurde nach einem Geheimrezept gebacken, und sie hat es zu Lebzeiten nur an ihre Tochter weitergegeben.

Für Eggstedt ist die Bäckerei unverzichtbar, denn der letzte Laden hat hier schon vor über 25 Jahren geschlossen, und so verkauft sie auch Dinge für den täglichen Bedarf. Noch immer erledigen hier einige Eggstedter ihren Wocheneinkauf, zum Bedauern der Kinder in der Schlange, denn so müssen sie mal wieder viel zu lange auf den Umsonst-Keks warten.

**Adresse** Schulstraße 6, 25721 Eggstedt | **Anfahrt** von der L 145 bei der Feuerwehr in die Schulstraße abbiegen | **Öffnungszeiten** Di, Do, Fr 5.30–12 und 14–18 Uhr, Mi und Sa 5.30–12 Uhr, So und Mo geschlossen | **Tipp** In Eggstedt befindet sich der Laden Happy Horse. Hier gibt es alles rund ums Thema Pferd und Reiter.

# 23 Das Dorfmuseum

*Ein Museum zum Anfassen*

Nur ein Holzschild und ein DIN-A4-Zettel mit drei Telefonnummern an der Scheunentür weisen auf dieses Museum hin. Ruft man an, kommt nach zehn Minuten Lothar Mohr, schließt auf und gibt eine Privatführung.

In zwei großen Hallen ist alles zu finden, was das Leben auf dem Land bis in die 60er Jahre ausgemacht hat: Kartoffelschleudern, alte Pflüge und Mähdrescher oder eine Schrot-Maschine. Der Clou: Alle Geräte sind voll funktionsfähig. In jahrelanger Arbeit haben die Betreiber sie wieder instand gesetzt. Gern werden sie für die Besucher angeschmissen. Sie dürfen angefasst und ausprobiert werden. Es ist ein lebendiger Ort, ein Anfass-Museum. Man darf die alte, wiederaufgebaute Schusterei betreten, wie es sie früher im Ort noch gegeben hat, oder sich unter eine der Trockenhauben im nachgebauten Friseursalon der 60er Jahre setzen. Ausgenommen von jeglichen Berührungen sind nur ein paar sehr wertvolle Bücher aus dem 16. Jahrhundert (!), die in einem extra feuerfesten Raum stehen.

Die zweite Halle widmet sich dem Wohnen auf dem Land. In einem originalen Wohnzimmer der 50er Jahre liegen alte Zeitungen, in der Küche hängen Töpfe aus Großmutters Zeiten, alte Waschmaschinen stehen zum Ausprobieren bereit. Allesamt noch aus Holz, die per Hand oder Motor betrieben wurden. Es sind Geräte, die ohne eine Führung nicht zu verstehen wären. Ein Riesenspaß ist es auch für die Kinder, zu sehen, wie all diese Dinge früher funktioniert haben.

Die Idee, so ein besonderes Museum zu erschaffen, kam den Gründern vor 31 Jahren auf einer Party in den Sinn. Seitdem fahren sie durchs Land und sammeln Geräte und Möbel oder besuchen Haushaltsauflösungen. Manchmal bringen die Dorfbewohner die Sachen auch persönlich vorbei oder stellen sie einfach vor die Tür. Eintritt kostet der Besuch im Museum nicht, aber am Ausgang hängt eine Spendenkanne … natürlich eine sehr alte!

**Adresse** Martensdamm 7, 25721 Eggstedt, www.eggstedt.de | **Anfahrt** Abzweigung von der L 145, dann durchs Dorf | **Öffnungszeiten** nach Absprache, Tel. 04830/1250 | **Tipp** Ein Abstecher in das Eggstedter Moor lohnt sich für Wanderer oder Angler. Angelkarten gibt es bei Holm Marx in Schafstedt (Judenstraße 41).

# 24 Die Dusenddüwelswarf

*Das Denkmal für die Schlacht bei Hemmingstedt*

Es ist wie in einem »Herr der Ringe«-Film, als kämen aus dem verrunzelten Turm mit dem Findling als Dach gleich Gestalten, bei denen man weder weiß, wie man sie ansprechen darf, noch wie man sich verhalten muss. Doch diesem Denkmal, das an eine wahre Geschichte erinnert, dürfte jeder Schüler in Dithmarschen irgendwann einmal einen Besuch abgestattet haben. Die Geschichte der Schlacht bei Hemmingstedt weiß an der Westküste jeder zu erzählen, und noch heute leuchten die Augen der Einheimischen, wenn sie vom Jahr 1500 berichten, als 12.000 dänische Soldaten, die gefürchtete Schwarze Garde, auf 6.000 Dithmarscher Bauern trafen, um die Bauernrepublik zu stürzen.

Die Schlacht war nach drei Stunden vorbei, denn die Dithmarscher Bauern hatten einen Plan ausgearbeitet, der dem dänischen Heer keine Chance ließ. Sie schütteten in der Nacht vor der Schlacht ein Stück südlich von Hemmingstedt eine Dusenddüwelswarf auf, eine Schanze, über die die Dänen zum Schlachtfeld gehen mussten. Hier warteten die Dithmarscher bereits. Wer nicht erschlagen wurde, ertrank, denn zusätzlich hatten die Bauern noch die Siele an den Deichen geöffnet, sodass der Graben geflutet wurde. Die Bauern waren schlauer, und so konnte die Bauernrepublik noch weitere 60 Jahre bestehen.

Genau 400 Jahre nach der Schlacht sollte für diese Leistung ein Denkmal erbaut werden. Doch der Plan des Kieler Architekten Wilhelm Voigt war teuer und aufwendig, denn das Zentrum des Denkmals sollte der circa 30 Tonnen schwere Findling sein, der zwölf Kilometer weit transportiert werden musste. Das war keine einfache Aufgabe im 19. Jahrhundert, doch die Arbeiter haben es geschafft. Heute thront er auf vier Säulen und gibt dem Denkmal ein fast surreales Aussehen. Eine Besteigung des Denkmals ist ein Muss, denn von oben hat man dieselbe Sicht wie die Bauern, die einst an der Schlacht von Hemmingstedt beteiligt waren.

Adresse Dehling, 25704 Epenwöhrden | Anfahrt direkt an der B 5 Meldorf–Heide, kurz vor Hemmingstedt, ausgeschildert | Tipp Beeindruckend ist ein acht Meter großes Modell in der Nähe des Denkmals, auf dem die Schlacht nachgestellt wurde. Außerdem gibt es dort einen Info-Pavillon, und in kleinen Schaukästen kann man sich einen guten Überblick über die wichtigste Schlacht der Dithmarscher verschaffen.

# 25 Der Mittelpunkt

*Der erste Klimabaum Deutschlands*

»Wo meine Füße stehen, ist der Mittelpunkt von Dithmarschen.« Diesen Satz kann man in Epenwöhrden tatsächlich aussprechen, nachdem der Ingenieur Martin Grikschat den Mittelpunkt Dithmarschens 2011 bestimmt hat. In einem komplizierten Verfahren hat er mit Hilfe von Koordinaten, Polygonzügen und Nachzeichnungen von Karten den Mittelpunkt seiner Heimat berechnet. Zur Sicherheit hat die Gemeinde Epenwöhrden die Stelle im Herzen Dithmarschens vom Katasteramt in Meldorf bestätigen lassen und daneben einen großen Findling aufgestellt, der mit einem Hinweisschild auf den Ort aufmerksam macht.

Dieser hat sich inzwischen als beliebtes Ausflugsziel in der ganzen Gegend etabliert. Es gibt dort Fahrradständer für Radtouristen, die schon immer gern diese Route gewählt haben, einen Fahnenmast, Holzbänke und Tische, die in den Sommermonaten regelmäßig von Picknickern genutzt werden.

Doch ging es Martin Grischkat, der auch Mitglied des Vorstandes der Stiftung Klimawald ist, um mehr als nur darum, einen markanten Ort zu schaffen. Die Stiftung plante ursprünglich, bundesweit Mittelpunktsbäume zu pflanzen. So steht noch ein weiterer in Nortorf, dem Mittelpunkt von Schleswig-Holstein. Doch hat man die Idee inzwischen verworfen, lieber konzentriert man sich auf effektivere Aufforstungsgrundstücke.

Dithmarschen ist für den Klimabaum Nummer eins ein klug gewählter Ort, denn der Landkreis gilt bundesweit als die waldärmste Region. Auch die Sorte Stieleiche passt, gehört sie mit einer Lebenserwartung von mindestens 200 Jahren doch zu den robustesten Bäumen überhaupt. Selbst in Zeiten des Klimawandels erhofft man sich eine lange Lebensdauer. Der Baum wird von der Gemeinde und dem örtlichen Bauhof gehegt und gepflegt, und seine Einpflanzung wird jedes Jahr am 4. Mai mit einem Dorffest gebührend gefeiert. Auch Martin Grischkat, Urheber dieser nachhaltigen Idee, ist jedes Jahr dabei.

Adresse L 147, 25704 Epenwöhrden; Koordinaten N54° 7' 37.92", E 9° 6' 45.54" bzw. GPS 54.12720, 9.11265 | Anfahrt an der L 147 zwischen Meldorf und Nordhastedt rund 4,7 Kilometer hinter dem Meldorfer Ortsschild in Richtung Nordhastedt, auf der linken Straßenseite in einer 90-Grad-Rechtskurve | Tipp Die meisten Touristen verbinden den Besuch mit einer Fahrradtour durch das Fieler Moor.

# 26 Der 54. Breitengrad

*Kasachstan, Polen, Friedrichskoog*

Wer in Friedrichskoog Massentourismus erwartet, nur weil hier ein Breitengrad-Stein verläuft, hat sich getäuscht. Es ist nicht das Nordkap, sondern nur Dithmarschen, und da macht man nicht so viel »Gewese« um so einen Breitengrad. Hier gibt es keinen Wegweiser, keine Führungen, keinen Reisebusparkplatz, nicht einmal einen Souvenirshop.

Nun ist der 54. Breitengrad natürlich nicht so spektakulär, aber wer sich einmal hier hinstellt und den Breitengradverlauf nachvollzieht, wird erstaunt feststellen, dass es viele Orte auf der Welt gibt, die am selben Breitengrad liegen und von denen man noch nie etwas gehört hat und die unter Umständen eine Reise wert sein könnten, oder auch nicht. Zhangha, Trzesacz, Qazaqstan, Mstsislaw, Heney, Baldy Ben und Netim zum Beispiel. Gut, man kann sich sicher sein, dass man in Soltüsk auch noch nie etwas von Friedrichskoog gehört hat, aber was heißt das schon?

Der Granitstein, der den 54. Breitengrad anzeigt, steht direkt auf dem Deich in Friedrichskoog hinter der Seehundaufzuchtstation. Ein paar Zahlen: Der 54. Breitengrad hat einen Umfang von 23.529 Kilometern, und die Umfangsgeschwindigkeit der Erde beträgt rund 982 Kilometer pro Stunde. Vielleicht braucht man diese Information mal in einem TV-Quiz, bei dem unnützes Wissen gefragt ist.

Die Gemeinde Friedrichskoog ist noch recht jung und wurde erst im 19. Jahrhundert durch die Landgewinnung dem Meer abgerungen und eingedeicht. Damals galt sie mit ihren 70 Kuttern als die Stadt mit dem zweitgrößten Krabbenfischereihafen in Schleswig-Holstein. Doch die Blütezeit ist seit 2015 endgültig vorbei. Nach 160 Jahren wurde der Fischereihafen aus wirtschaftlichen Gründen geschlossen. Heute lebt der Ort hauptsächlich vom Tourismus und von der Seehundaufzuchtsstation. Einige kommen auch wegen des Breitengrad-Steins, aber diesbezüglich liegen keine Statistiken vor.

Adresse An der Seeschleuse 4, 25718 Friedrichskoog | Anfahrt Stein auf dem 54. Breitengrad direkt an der Schleuse 3 auf dem Deich | Tipp In der Seehundstation, an der man direkt vorbeigeht, findet um 10.30 Uhr und um 14 Uhr die Fütterung der Seehunde statt.

# 27 Der Kohl

*Superfood von der Westküste*

Der echte Dithmarscher braucht keine Zitrusfrüchte, denn er hat den Kohl, und in dem steckt genauso viel Vitamin C. Außerdem besitzt der Kohl nervenstärkende Inhaltsstoffe wie Vitamin B, Kalzium und Eisen. Er wirkt cholesterinsenkend und ist ein Schlankmacher. In 100 Gramm Kohl stecken gerade einmal 25 Kalorien. Dick machen nur die Beilagen.

Dithmarschen ist das größte zusammenhängende Kohlanbaugebiet Europas, und das Gemüse ist längst zu einer Art Religion im Bauernstaat geworden. Kenner behaupten sogar, dass man in einem Kohlfeld die Köpfe wachsen hören kann, dass man es im August knacken hört, wenn die Vitamine reifen.

Zu verdanken ist der Kohlanbau dem Gärtner Eduard Lass (1859–1924), der von Wesselburen aus den großflächigen Kohlanbau startete und mit der Vermarktung begann. Die Entdeckung des Superfoods wurde schnell zur Goldgrube für die damalige Landwirtschaft in Dithmarschen. Heute wachsen im ganzen Landkreis 80 Millionen Kohlköpfe auf bis zu 3.000 Hektar Land. Immer mehr Höfe bieten Bio-Kohl an, der gar nicht aufwendig zu produzieren ist, denn das milde Klima in Dithmarschen und der Marschboden mit seinem guten Nährstoffhaushalt und der ausgeglichenen Feuchtigkeit schaffen die idealen Wachstumsbedingungen. Zudem mag der Kohl Wind, und davon gibt es immer reichlich. Kein Wunder also, dass die Ernte bei den Dithmarscher Kohltagen im ganzen Land gefeiert wird. Am 20. September beginnt die fünftägige Riesenparty mit dem traditionellem Kohlanschnitt. Die Restaurants im Land bieten Kohlbuffets an und entwickeln dafür immer neue Kohlvariationen. Sogar die asiatische Küche hat inzwischen die heimischen Rezepte beeinflusst. Kohl wurde schärfer gewürzt oder im Sushi verarbeitet.

Das größte Kohlfest findet auf dem Heider Marktplatz statt. In einem riesigen Zelt werden klassische Kohlgerichte zubereitet, dazu gibt es heimisches Bier und Partystimmung.

Adresse 25718 Friedrichskoog, größte Kohlfelder zwischen Wesselburen, Marne und Friedrichskoog | Anfahrt zum Beispiel von der B 5 in die Mittelstraße Richtung Dieksander Koog | Tipp Sehr innovative Kohlgerichte bietet das Restaurant »V« in Meldorf an, das mit seiner saisonalen Küche ohnehin zu den besten in Dithmarschen gehört.

# 28 Der Trischendamm

*Die trockenste Wattwanderung der Welt*

Es soll ja Leute geben, die mögen kein Watt. Sie haben eine Abneigung gegen dieses Gefühl, das entsteht, wenn der Fuß im Priel versinkt und der glitschige Boden durch die Zehen gedrückt wird. Für diese Nordseeurlauber gibt es eine andere Möglichkeit, ins Watt zu gehen, und zwar trockenen Fußes. Egal, ob bei Ebbe oder Flut, dieses Erlebnis sollte man sich nicht entgehen lassen. Das Gefühl, im Meer zu stehen, die salzhaltige Luft einzuatmen und diesen atemberaubenden Blick zu haben, ist unvergleichlich.

Die Idee, einen Damm ins Meer zu bauen, kam den Bewohnern von Friedrichskoog 1935/1936, als eine zunehmende Querströmung den Deich bedrohte. Ein sich ausbreitender, gefährlicher Priel ließ sich mit dem herkömmlichen Küstenschutz nicht aufhalten. Die einzige Möglichkeit war, ihn zu durchteilen, um die starke Strömung bei Flut abzuleiten.

Wenn man schon einmal dabei war, einen Damm quer durch den Priel zu legen, könnte man das Festland direkt mit der heutigen Vogelinsel Trischen verbinden, dachte man. Doch es stellte sich heraus: Trischen ist eine Wanderinsel. Wenn der Damm also nicht schnell genug fertig geworden wäre, hätte sich die Insel möglicherweise schon weiterbewegt und der Damm hätte ins Nichts geführt. Das tut er so auch, denn nach 2,2 Kilometern endet er im Meer.

Den gewünschten Effekt erfüllt der Trischendamm aber. Der stabile Basaltstein aus der Rhön und der darüber gegossene Asphalt verändern die Strömung massiv. Dank des Dammes ist jetzt auch die Insel Trischen sicher, denn auch sie wäre ein Opfer des Priels geworden. Trischen ist heute eine unbewohnte Insel, auf der nur im Sommer ein Vogelwart vom NABU wohnen darf. Jedes Jahr wird sein Einzug von einem Regionalmagazin im Fernsehen begleitet. Wenn der Trubel vorbei ist, beginnt für den Vogelwart einer der einsamsten Jobs der Welt … immerhin mit Blick auf den Trischendamm.

Adresse Süderpiep 12, 25718 Friedrichskoog | Anfahrt Trischendamm direkt am Küstenstreifen von Friedrichskoog, Parkmöglichkeit am Deich, Wanderung über den Trischendamm kostenlos | Tipp Die Laufschuhe nicht vergessen, denn der Trischendamm ist gerade im Sommer eine beliebte Joggingstrecke der Einheimischen. Außerdem gibt es am Deich das empfehlenswerte Restaurant Seaside 26.

# 29 Willi, der Wal

*Im Bauch ist richtig was los*

Mit seinem blauen Dach, den Betonstreben, dem Bullauge und der Glasfront ist der 125 Meter lange Wal direkt am Hafen von Friedrichskoog nicht zu übersehen. Dass zu Beginn nicht alle Bewohner von dem 3,6-Millionen-Megabau am traditionellen alten Krabbenhafen begeistert waren, ist heute nur noch eine Fußnote in der Entstehungsgeschichte des schönsten Indoorspielplatzes an der Westküste. Das maritim gestaltete Innenleben mit Holzdecke im Schiffslook, einem Leuchtturm als Kletterburg zum Besteigen, der Nemo-Kletterwand und dem Eingang durch die riesige Schwanzflosse erinnert in vielem an das Meer und die Geschichte der Seefahrt. Das unterscheidet Willi, den Wal, von anderen, oft gesichtslosen Indoorspielzentren.

Auf 2.500 Quadratmetern können sich Kinder bis zwölf Jahren an unzähligen Spielgeräten austoben. Neben Hüpfburgen, Trampolins und einem Labyrinth ist für viele Jungs sicher die Elektro-Kart-Bahn das Highlight. In kleinen Formel-1-Autos können sich hier spannende Rennen geliefert werden. Immer wieder gab es Kritik an einigen defekten Spielgeräten, doch in den letzten Monaten hat sich viel getan. Sogar ein Kleinkindbereich ist eingerichtet worden, in dem neben den üblichen Spielen auch viele Angebote bereitstehen, um die Feinmotorik der Kleinsten zu trainieren.

Dass einige Attraktionen extra kosten und Lebensmittel nicht selbst mitgebracht werden dürfen, ist ein häufiger Kritikpunkt. Doch Willi, der Wal ist besonders an regnerischen Tagen eine echte Empfehlung für Eltern, die bereit sind, ihren Nachmittags-Kaffee auch bei hohem Geräuschpegel zu genießen. Inzwischen machen auch die Erwachsenen Lärm im Wal, denn das Angebot für sie wird stetig ausgebaut. Früher gab es nur einen Kaffeegutschein, inzwischen stehen ein elektronisches Dartspiel und ein Kicker-Tisch bereit, und zur Entspannung kann man es sich in zwei Massagesesseln bequem machen.

**Adresse** Am Hafen 10, 25718 Friedrichskoog, www.friedrichskoog-williwal.de | **Anfahrt** in Friedrichskoog Richtung Hafen fahren, gegenüber der Seehundstation, kostenlose Parkplätze vorhanden | **Öffnungszeiten** Mo–Fr 14–19 Uhr, Sa, So und Feiertage 11–19 Uhr; Preise: Erwachsene 6,90 Euro, Kinder 8,90 Euro, Familienkarten (2 Erwachsene und 2 Kinder) 27,90 Euro ( jedes weitere Kind 7,90 Euro), Kartenzahlung nicht möglich | **Tipp** Leider ist der schöne Outdoorspielplatz inzwischen abgebaut worden, doch an der Spitze von Friedrichskoog gibt es einen weiteren Spielplatz direkt am Meer.

# 30 Der Modellbahn-Zauber

*Die Welt in H0*

Was doch alles so unter einem Weihnachtsbaum liegen kann! Auch bei erwachsenen Menschen ist das immer wieder spannend. Bei dem Modellbahn-Zauber-Gründer Sönke Röckendorf war es 2004 die Genehmigung der Ehefrau Sybille, das Projekt Modellbahn-Zauber in die Tat umsetzen zu dürfen. Für den gelernten Lackierer ging ein Traum in Erfüllung, »das war die Baugenehmigung«.

Jahrelang hatte er versucht, seine Frau von der Idee einer großen öffentlichen Modellbahn für Kinder und Erwachsene zu überzeugen. Seine erste Märklin-Anlage bekam er mit acht Jahren geschenkt, ein Schlüsselmoment und der Einstieg in die Welt der elektrischen Eisenbahnzüge. Zwei Jahre lang baute er mit Hilfe vieler Kollegen seine Anlage auf. Sönke Röckendorf plante Brücken und Täler, Ortschaften und Landschaften, und 2006 wurde die Schauanlage im historischen Holländerstädtchen Friedrichstadt vor den Toren Dithmarschens schließlich eröffnet.

Seitdem schlagen nicht nur Kinderherzen höher, sondern zumindest auch die der Väter und Hobby-Lokführer. Auf über 100 Quadratmetern und 1,3 Kilometern Schienennetz fahren rund 20 Züge. Sie fahren durch Tag und Nacht, dazu wird das Licht in dem Gebäude gedimmt, es gibt Gewitter und Sonnenschein. Die Züge bewegen sich durch wunderschön gebastelte Landschaften, halten an bekannten Bahnhöfen wie Hamburg-Dammtor oder überqueren den Hindenburgdamm, vorbei an Jahrmärkten und Windkrafträdern. Es ist eine Zugfahrt durch Deutschland und Schleswig-Holstein, zusammengefasst in eine Miniatur-Version, von der Bergwelt bis zu den Küsten, frei interpretiert und mit viel Liebe zum Detail.

Genau wie beim großen Vorbild, dem Miniaturwunderland in Hamburg, lohnt sich der Blick auf die liebevollen Details: den kleinen Edeka-Laden, den Auffahrunfall, bei dem das Fernsehteam schon vor Ort ist, den Offshorewindpark oder den dänischen Gemüsegarten.

**Adresse** Brückenstraße 18, 25840 Friedrichstadt, www.modellbahn-zauber.de | **Anfahrt** Ecke L 156 / B 202, erste Straße rechts, kostenlose Parkplätze vorhanden | **Öffnungszeiten** April – Okt. täglich 11 – 17 Uhr, Eintritt: Erwachsene 7,50 Euro, Kinder 5 Euro, Familienkarte (2 Erwachsene und 2 Kinder) 19 Euro | **Tipp** Zwischen Ostern und Oktober werden täglich um 11 Uhr Stadtführungen in Friedrichstadt angeboten. Treffpunkt ist an der Touristinformation (Am Markt 9, Dauer: 1,5 Stunden, Kosten: Erwachsene 4,00 Euro, Kinder 3,00 Euro, Familienkarte 13,00 Euro).

# 31 Die Grünentaler Hochbrücke

*Den Kreuzfahrern von oben zugucken*

Wer an diesen Ort reist, sollte das nicht ohne Fotoapparat oder Handy tun, denn das Spektakel, das sich einem hier bietet, ist einzigartig. Die Grünentaler Hochbrücke ist eine Straßen- und Bahnbrücke und die einzige Überführung des Kanals, über die auch Fußgänger gehen dürfen. Nur von hier aus kann man den großen Schiffen, die unter der Brücke durchfahren, aus der Vogelperspektive aufs Deck schauen. Kein Wunder also, dass die Grünentaler Brücke ein Hotspot für Fotografen ist, besonders dann, wenn ein Kreuzfahrtschiff die Brücke passiert. Nicht selten stauen sich dann die Autos, und an der Brüstung drängen sich die Fotografen, als hielte gerade ein Königspaar Einzug in Dithmarschen.

Schiffsbeobachter haben Geduld und warten manchmal stundenlang, bis das Objekt der Begierde den Ort passiert, und so bringen viele Schiffsspotter gern Stühle, kleine Klapptische und eine Mahlzeit mit. Seit 2007 hat ein findiger Geschäftsmann die Versorgungslücke erkannt und einen Kiosk direkt neben dem großen Parkplatz an der Brücke eröffnet. Allerdings kann man sich bei den recht flexiblen Öffnungszeiten nicht immer auf die Currywurst vom Fleischer aus der Umgebung verlassen. Das ist schade, denn der Besitzer wirbt damit, keine Industrieware anzubieten. Gut, dass es auf der Anhöhe noch ein überdachtes Picknickhäuschen gibt.

Eine Brücke hat es an dieser Stelle schon immer gegeben, nur musste das Vorgängermodell von 1892 im Zuge der Kanalverbreiterung Mitte der 80er Jahre abgerissen werden. Die alten Fundamente durften stehen bleiben und dienen auch heute noch als Aussichtsplattformen.

Die neue Grünentaler Brücke ist 405 Meter lang und die vorgeschriebenen 42 Meter hoch. Aus dieser Höhe hat man das Gefühl, über ganz Dithmarschen zu sehen. Die genauen Passierzeiten kann man der Internetseite www.traumschiffe-im-kanal.de entnehmen.

**Adresse** 25712 Grünental, Hochbrücke, zwischen Albersdorf und Hanerau-Hademarschen an der Bundestraße, Höhe Grünthalring | **Anfahrt** von Albersdorf kommend großer kostenfreier Parkplatz nach der Hochbrücke | **Tipp** Einer der beiden Original-Brückenpfeiler steht in Brunsbüttel zwischen den beiden Aussichtsplattformen an den Schleusenkammern.

# 32 Das Mahnmal

*Gedenkort für die russischen Soldaten*

Elf Meter reckt sich die Beton-Stele mitten im Wald in die Höhe. Ganz oben auf dem Sockel die Figur des Fährmanns Charon aus der griechischen Mythologie, der die Seelen der Verstorbenen über den Fluss Acheron in die Unterwelt ruderte. Die Geschichte des Ortes ist genauso beklemmend wie das, was hier im Zweiten Weltkrieg geschah.

Die Stelle vor dem Denkmal, der Weg dorthin und die gesamte Umgebung sind umringt von ehemaligen Massengräbern. Über die genauen Bedingungen, unter denen die Gefangenen hier lebten, ist wenig bekannt. Doch es bedarf wenig Phantasie, sich vorzustellen, unter welchen unmenschlichen Bedingungen hier und in den Baracken in der heutigen Schulstraße in Gudendorf die circa 3.000 gefangenen Russen leben mussten, wo sie schließlich verhungerten, ermordet wurden oder durch Zwangsarbeit zu Tode kamen. Einen Hektar groß soll das Gelände gewesen sein. Wie viele aber hier genau starben, ist nicht belegt. Bis heute kennt man nicht alle Grabstätten in der Umgebung, immer noch werden weitere gefunden.

Umso größere Bedeutung wird der Gedenkstätte in dem aufgeforsteten Dünengelände beigemessen. Jedes Detail erzählt eine Geschichte. Die drei symbolischen Gräber mit ihren Steinringen erinnern an das mit Stacheldraht eingezäunte Lager. Die landschaftliche Gestaltung mit den drei großen, linienförmigen Flächen deutet Grabfelder an, wobei das erste leer gelassen wurde, um auf die unbekannten Opfer aufmerksam zu machen.

Erdacht wurde der gesamte Ort von dem Landschaftsgärtner Hans-Erik Brodersen. Das Ehrenmal selbst schuf der Bildhauer Siegfried Assmann aus Großhansdorf (Kreis Stormarn), der mit dem neuen Denkmal das bereits 1946 errichtete Mahnmal ersetzte. Seit 1983 veranstaltet die Initiative »Blumen für Gudendorf« hier jedes Jahr eine Gedenkfeier, bei der man gemeinsam an die gefallenen sowjetischen Soldaten erinnert.

**Adresse** Vierthstraße, 25693 Gudendorf | **Anfahrt** an der L 138 zwischen St. Michaelisdonn und Meldorf, Denkmal frei zugänglich, kostenloser Parkplatz vor dem Weg zur Gedenkstätte | **Tipp** In Gudendorf befindet sich der berühmte Dithmarscher Gänsemarkt. Es gibt dort eine Markthalle und ein Restaurant. Jeden Mittwoch schlüpfen neue Küken, die man sogar anfassen darf.

# 33_Die Schafe

*Schafe schubsen*

Der Blick auf die Nordsee und auf immer frische Salzwiesen unter der Nase – für die Schafe sind die Dithmarscher Deiche ein Paradies. Ein gutes Geschäft für alle Seiten, denn die Schafe gelten als die Küstenschützer Nummer eins. Mit ihren Hufen verdichten sie den Deich, und durch ihre Art, das Gras abzubeißen, statt es herauszureißen wie andere Grasfresser, pflegen sie die Vegetation. So ist über die Jahrhunderte zwischen den Dithmarschern und den Schafen eine besondere Beziehung entstanden, sodass der eine ohne den anderen nicht kann.

Von Mai bis Oktober weiden sie über die ganze Nordseeküste verteilt auf den Deichen und kauen vor sich hin. So auch in der 300-Seelen-Gemeinde Hedwigenkoog. Hier stehen, liegen und meckern sie zwischen den sonnenhungrigen Menschen in den kostenlosen Strandkörben oder auf den Handtüchern und beobachten, wie die Schwimmer sich in der Nordsee abkühlen. In den Wintermonaten ist das Bild ein anderes, dann kann man die Schafe auf Kuhweiden und Rübenfeldern im Hedwigenkoog beobachten, und genau dann brauchen sie manchmal unsere Hilfe. Das, was zunächst wie ein Scherz klingt, ist vollkommen ernst gemeint und gehört beim Zusammenleben von Tier und Mensch an der Küste zum Alltag.

Das Fell der Schafe ist zum Schutz gegen die Kälte im Winter dicker und oft vom Regen durchnässt, sodass gerade die trächtigen Tiere zu schwer geworden sind, um nach dem Schläfchen allein wieder aufzustehen. Wenn die Schafe auf dem Rücken liegen und die Beine in die Luft gereckt haben, zählt jede Minute. »Schafe schubsen« nennt man das in Dithmarschen, wenn man beherzt unter das Tier greift und schnelle Hilfe leistet. Schon ein kleiner Schubser genügt, und das Schaf erhebt sich. Also: Schubsen am Deich kann Leben retten, aber bitte beachten: Immer ruhig auf das Schaf zugehen, keine hektischen Bewegungen, die Tiere geraten schnell in Panik.

**Adresse** 25761 Hedwigenkoog, Badestellen und Deiche ausgeschildert | **Anfahrt** von der B 5 über Oesterwurth und Süderdeich zum Hedwigenkoog | **Tipp** Unternehmen Sie eine Fahrradtour am Außendeich entlang der Küste. In die eine Richtung geht es fast bis nach Büsum und in die andere bis an das Eidersperrwerk heran. Aber immer schön gegen den Wind hin- und mit dem Wind zurückfahren!

# 34 Das Brahms-Haus

*Das nördlichste Musikermuseum Deutschlands*

»Liebster Vater, ich weiß mich auf Heide besser zu besinnen als auf manche Stadt, wo ich länger war«, schrieb Johannes Brahms 1865 an seinen Vater. Johannes Brahms wurde 1833 in Hamburg geboren und lebte nie in Dithmarschen, aber das Haus gehörte der Familie knapp 70 Jahre lang. Hier lebten Brahms' Onkel, seine Nichte sowie sein Großvater bis zu dessen Tod. Vater Johann Jakob Brahms, ebenfalls Musiker, erhielt in diesem Haus seine musikalische Ausbildung. Johannes Brahms besuchte das Haus immer wieder. Nicht nur, um seine Familie zu sehen, sondern auch weil sein Freund Klaus Groth nebenan lebte (siehe Ort 38).

Sir Yehudi Menuhin, Brahms-Preisträger von 1990, sagte einmal, erst auf seinen Fahrten durch Schleswig-Holstein habe er die Tiefe von Brahms' Musik erfasst. Das musste sich auch der damalige Intendant des Schleswig-Holstein-Musik-Festivals, Justus Frantz, gedacht haben, denn ihm ist es zu verdanken, dass es seit 1987 die Brahms-Gesellschaft in Heide gibt.

Das Brahms-Haus ist das Herzstück der Gesellschaft, die nicht nur die Brahms-Wochen in Heide veranstaltet, sondern auch jährlich über die Vergabe des renommierten Brahms-Preises diskutiert. Jeden Moment hat man zwischen all den alten Möbeln im Haus das Gefühl, gleich kommt der Großmeister selbst um dic Ecke, nickt freundlich in die Runde und gibt ein Konzert, vielleicht auf dem alten Tafelklavier der Firma Rietmüller aus Göttingen von 1885, bei der Johannes Brahms und Clara Schumann oft zu Gast waren.

Doch das alte Klavier ist nur eine der vielen Sehenswürdigkeiten. Anhand von Fotodokumenten, Porträts, Büsten und einer umfassenden Bibliothek taucht man komplett in die Welt des Komponisten ein. Wer noch Fragen zum Privatleben von Brahms hat, kann sich den 45-minütigen Film »Verliebt in Rügen« im Museum anschauen. Beim Verlassen des Gebäudes ist man zum Brahms-Liebhaber geworden.

Adresse Lüttenheid 34, 25746 Heide | Anfahrt keine 100 Meter vom Marktplatz entfernt, hinter der Fußgängerzone | Öffnungszeiten April–Okt. Di–Do 11.30–15.30 Uhr, Fr 11.30–13.30 Uhr, Sa 13.30–15.30 Uhr, Veranstaltungen unter www.brahms-sh.de | Tipp Hinter dem Johannes-Brahms-Haus liegt die Museumsinsel Lüttenheid mit dem Klaus-Groth-Museum und dem Heider Heimatmuseum. Die Gegend nannte man früher auch »Klein-Heide«, es war das Handwerker- und Kleinbürgerviertel der Stadt.

# 35 Das Dreetörnhus

*Das älteste Wohnhaus*

Besonders reich an alten Gebäuden ist die Kreisstadt Heide eigentlich nicht. Doch immer wieder stehen vereinzelt meist weiß gestrichene Häuser zwischen den Bausünden der 70er Jahre in der Innenstadt. Das Dreetörnhus sticht aus der Masse heraus und ist ein echter Hingucker, wäre da nicht der Billigshop im Erdgeschoss. Verspielt, mit vielen Verzierungen, kleinen Kuppeln und Giebeln, setzt es sich deutlich von dem strengen Renaissancestil ab, der während des Baus des Gebäudes gerade zu Ende ging.

Seinen Namen hat das Dreetörnhus von den drei Fialen (Türmchen) am Zwerchgiebel mit einer Sandstein-Inschrift über der ehemaligen und heute veränderten Portalfront. Entworfen und gebaut wurde es 1733 von dem Stuttgarter Architekten Hans Georg Schott, und damit gilt es als das älteste Wohn- und Geschäftshaus in der Kreisstadt.

Hans Georg Schrott hat Spuren in Heide hinterlassen. Ein Schwabe, der nach seiner Lehrzeit eine Anstellung bei einem namentlich nicht bekannten Meister in Heide fand. Nach dessen Tod ließ der Architekt sich von der Innung in Heide überreden, die Witwe des Meisters zu heiraten. Das stellte sich als eine vorteilhafte Verbindung heraus, denn die Stadt konnte weiterhin auf seine Baukünste zurückgreifen. Hans Georg Schrott wurde Vater von zwei Söhnen und blieb bis zu seinem Tod in Heide. Sechs Jahre nach dem Dreetörnhus errichtete er das alte Pastorat, in dem heute die Touristinformation und das Kirchenbüro untergebracht sind.

Die eigentliche Stärke des Stuttgarters war aber der Kirchenbau. Er sanierte unter anderem den Kirchturm der St.-Jürgen-Kirche gegenüber dem Dreetörnhus am Rand des Marktplatzes, dessen Kirchturm sich damals bedenklich zur Seite neigte. Steht man in der Fußgängerzone und macht eine 360-Grad-Drehung, kann man nacheinander drei Bauwerke des Architekten sehen, die allesamt zu den schönsten Gebäuden der Stadt gehören.

**Adresse** Süderstraße 2, 25746 Heide | **Anfahrt** Ecke Süderstraße/Markt, Parkplätze auf dem Heider Marktplatz | **Tipp** Nicht zu übersehen ist an dieser Stelle das Heider Rathaus, in dem die Verwaltung der Stadt Heide untergebracht ist. Viele sagen, es ist das hässlichste Gebäude der Stadt.

# 36 Die Feuerwehr

*Die älteste Feuerwehr Schleswig-Holsteins*

Seit dem 3. September 2011 ist es amtlich. Da hat das Innenministerium bestätigt, dass in Heide die älteste Feuerwehr Schleswig-Holsteins ansässig ist, die sogar zu den vier ältesten Feuerwehren im gesamten Bundesgebiet zählt. Diese Erkenntnis reichte für die begehrte Auszeichnung »Goldene Glocke«, die Wehren ehrt, die seit 150 Jahren durchgängig bestehen.

Ein Jahr vor der Gründung 1846 tat sich eine junge Schar von Menschen in Heide zusammen, die über alle sozialen Schichten hinweg Verantwortung für das Gemeinwesen übernehmen wollte. Ziel war es, eine freiheitliche Veränderung der Gesellschaft zu bewirken. Aus diesem Kreis heraus entstand die Idee eines freiwilligen Brandcorps, und so gründete sich am 7. Februar 1847 die erste Freiwillige Feuerwehr in Heide. Schon ein Jahr nach der Gründung meldete der Oberkommandeur Stammer eine Liste von 138 freiwilligen Brandcorps, mit zehn Abteilungen, einsatzbereit.

Die Notwendigkeit einer freiwilligen Feuerwehr entstand nach dem großen Brand in Hamburg im Jahr 1842, als ein Feuer mehr als ein Viertel des Hamburger Stadtgebietes zerstörte. 51 Menschen starben, und über 20.000 wurden obdachlos. So etwas sollte in Heide nicht passieren. Seitdem stürmen Freiwillige von ihren Arbeitsplätzen herbei, aus ihren Häusern und aus den Betten, wenn es in Heide und Umgebung brennt. Immer unentgeltlich, mit dem Gedanken, Verantwortung für das Gemeinwesen zu übernehmen.

Neue Mitglieder zu finden ist nicht immer leicht. Die Freiwillige Feuerwehr in der Kreisstadt ist im Stadtbild deshalb gern präsent. Es gibt den Tag der offenen Tür, den Kindertag oder Sommerveranstaltungen. Immer steht ein geputztes Feuerwehrauto auf dem Marktplatz, zur großen Freude der Kinder, die von dem Blaulicht, der Leiter und den Helmen gar nicht genug bekommen können. Ein Einsatz, der sich lohnt: Jährlich wächst die Zahl derer, die sich in der Jugendfeuerwehr engagieren.

**Adresse** Kirchspielsweg 3, 25746 Heide | **Anfahrt** Abzweig zum Kirchspielsweg gegenüber dem Fußballstadion | **Tipp** Das Kino Lichtblick zählt zu den modernsten Kinos in Schleswig-Holstein und zeigt viele Kinderfilme, auch in 3-D.

# 37_Die Heidefalter

*Lovely Rita*

Die Geschichte des Künstlers Lothar Frieling ist eine tragische. 30 Jahre lang war er mit seiner Frau Rita zusammen, bis sie 2012 an Lungenkrebs starb. »Sie war mein Schmetterling«, sagt er. Ihr zu Ehren errichtete er noch im selben Jahr einen sechs Meter großen Schmetterling auf dem Gewässer vor dem Heider Wasserturm. Fünf Meter hoch schwebt er, vom Wind leicht bewegt, über dem kleinen See.

Erdacht hatte er ihn ursprünglich zusammen mit seinem Künstlerfreund Günter Nommsen, als Mahnzeichen, die Insekten zu achten. 250 Stunden sollen sie an dem Atrophaneura Semperi gearbeitet haben. Als Vorbild diente ihnen der Ritterfalter aus Indonesien und Malaysia, mit einer Flügelspannweite von 15 Zentimetern. Der Acryl-Schmetterling in Heide hat eine Flügelspannweite von 2,50 Metern. Erst auf den zweiten Blick sichtbar, steht auf einem Flügel eine Widmung für Frielings verstorbene Frau Rita: »Lovely Rita«, so wie der Name des Beatles-Songs. Auf dem anderen Flügel steht der Name des im selben Jahr geborenen Enkelkindes von Günter Nommsen. »Leben und Tod liegen dicht beieinander«, wollen sie mit diesen Inschriften ausdrücken. Der Schmetterling in Heide steht also auch als Symbol für die Auferstehung, die Zerbrechlichkeit der Seele und für die Vergänglichkeit von Schönheit.

Ein Jahr später landete der »Heidefalter II« auf dem Gewässer, »ein Schmetterlings-Phantasie-Insekt«, wie der 2016 verstorbene Künstler ihn bezeichnete. In seiner Form erinnert er allerdings eher an eine Libelle. Die beiden Falterwesen sind je nach Sichtweise so platziert, dass sie entweder vor dem Wasserturm stehen oder frei und unverbaut zu sehen sind.

Ein dritter Heidefalter war in Arbeit, wurde aber nie fertiggestellt. Einige Heider freut das, denn sie sehen in dem Kunstwerk die Verschandelung des Wasserturms, immerhin ist er das Wahrzeichen der Kreisstadt in Dithmarschen.

**Adresse** Brahmsstraße, 25746 Heide | **Anfahrt** von der B 203 vom Zentrum kommend vor der Hochbrücke in die Brahmsstraße abbiegen, Wasserturm linker Hand, Falter direkt auf dem See vor dem Wasserturm | **Tipp** Das Restaurant Wasserturm mit Wintergarten, Raucherlounge und Terrasse liegt direkt am See und bietet internationale und deutsche Küche.

# 38 Der Klaus-Groth-Wanderweg

*16 Kilometer Poesie*

Der Name des Lyrikers und Schriftstellers Klaus Groth ist im Norden allgegenwärtig. Es gibt den Klaus-Groth-Platz, die Klaus-Groth-Straße, die Klaus-Groth-Schule, die Klinik und natürlich das Museum in Heide. Es ist an das Heimatmuseum auf der Museumsinsel Lüttenheid angeschlossen und schafft es, die Lebensgeschichte des Dichters so gut wie lückenlos nachzuzeichnen. In seiner Bibliothek sind noch viele alte Handschriften und Dokumente ausgestellt. Nach einer Zeichnung des Malers Otto Speckter ist sogar in mühevoller Kleinstarbeit sein Geburtszimmer rekonstruiert worden.

Unbekannter als das Museum ist dagegen der 16 Kilometer lange Klaus-Groth-Wanderweg von Tellingstedt nach Heide oder in umgekehrter Richtung, den der Dichter regelmäßig auf dem Weg zu seiner Mutter zurückgelegt haben soll. Ein kleines Holzschild weist dem Wanderer den historischen Pfad, wobei der Originalweg um 1835 noch ein reiner Feldweg war, heute aber eine asphaltierte Straße, die B 203, ist. Unromantischer geht's nicht, daher ist eine Umleitung durch die Landschaft eingerichtet worden, von der sich der Dichter zu seinen niederdeutschen Erzählungen und Gedichten wie »Min Jehann«, »Lütt Matten de Haas« oder »Abendfreden« hat inspirieren lassen.

Die Landschaft ist geprägt von einer schönen Moorlandschaft, dem Süderholmer / Ostroher Moor und deren Moorwiesen. Auf dem Weg passiert man Teiche, Feldwege und kann sich immer wieder auf den Bänken in der Landschaft niederlassen. Das ist passend, denn schließlich braucht man Muße, um sich dem Werk des bedeutendsten Schriftstellers Dithmarschens zu widmen.

Noch immer erscheinen Texte und Bücher über Klaus Groth, zuletzt das sehr lesenswerte Buch »Winterreise in den Süden: Die Liebesgeschichte von Doris und Klaus Groth« von dem Heider Schriftsteller Heiner Egge, der ein echter Klaus-Groth-Kenner ist.

**Adresse** Beginn des Wanderweges am Geburtshaus von Klaus Groth: Lüttenheid 48, 25746 Heide, Ende in Tellingstedt an der Tielenaubrücke | **Anfahrt** von Heide auf der B 203 Richtung Rendsburg, links in die Süderholmer Straße, dann wieder links in die Amtmann-Rohde-Straße | **Tipp** Entlang des Weges durch das Ostroher Moor gibt es eine Menge Angelseen. Sie sind verpachtet, eine Gastkarte ist erforderlich, man bekommt sie aber problemlos unter mail@angelspezi-heide.de.

# 39 Der Marktpirat

*Die Wiege des Burgers*

Wer hat's erfunden? Wer hat als Erster die Frikadelle in das Brötchen gelegt? Nein, nicht die Schweizer oder, wie viele glauben, die Amerikaner, sondern die Deutschen – das jedenfalls wird im Hamburger Hafen bis heute felsenfest behauptet.

Der Hamburger Louis Lassen wanderte im 19. Jahrhundert nach New Haven in die USA aus, um eine Imbissbude zu eröffnen. Einer seiner Gäste hatte es so eilig, dass Lassen ihm ein Hackschnitzel in ein Brötchen mit Zwiebeln, Gurke und Senf packte und es ihm auf die Hand gab. Der Hamburger war geboren. Der Siegeszug hat im Laufe der Jahrzehnte viele Schnellimbiss-Ketten-Besitzer reich gemacht. Bis heute erheben immer wieder neue Restaurants die Frikadelle im Brötchen zur Spezialität.

Der Marktpirat in Dithmarschen ist schon wenige Jahre nach der Eröffnung zum ausgewiesenen Burger-Spezialisten geworden. Der waschechte Dithmarscher Thorsten Ehlers, bereits mit dem Carlsberg-Preis ausgezeichnet, setzt bei seinen Burgern auf regionale Produkte von heimischen Manufakturen, Bauern und Schlachtern. Bei jedem Produkt kann der Gast genau nachvollziehen, woher das Essen auf dem Teller stammt. Das Restaurant am Heider Marktplatz ist ein echtes Juwel. Die Mischung aus schickem Design, einer tollen Bar und dem Flair der Dithmarscher Gemütlichkeit zieht Gäste aus allen Altersgruppen an. Ob auf der Holzterrasse mit Blick auf die flanierenden Passanten in der Einkaufsstraße oder auf die Kirche am Marktplatz – der Marktpirat dürfte der urbanste Ort in Dithmarschen sein. Auch bei der Inneneinrichtung wurde aufs Detail geachtet. Das Highlight ist der zentrale Designer-Kamin, der im Winter Wärme spendet.

Besonders beliebt ist der Espresso oder das schnelle Mittagessen nach dem Marktbesuch am Samstag. Dann wird's oft eng. Wer einen Platz ergattert, sollte mal den Veganburger mit Datteln und scharfer Mango-Chili-Sauce probieren.

Adresse Markt 25, 25746 Heide, Tel. 0481/82864161, www.marktpirat.de | Anfahrt im Zentrum von Heide direkt am Marktplatz | Öffnungszeiten So–Do 8.30–23 Uhr, am Wochenende 8.30–1 Uhr | Tipp Gleich neben dem Marktpirat steht die St.-Jürgen-Kirche. Sie ist die Hauptkirche der evangelisch-lutherisch geprägten Region. Die Kirche blickt auf eine mehr als 450-jährige, wechselvolle Geschichte zurück.

# 40 Der Marktplatz

*Der Platz der Superlative*

Mit fast 47.000 Quadratmetern gilt der Heider Marktplatz als der größte in Deutschland. Es ist ein Ort mit einer bewegten Geschichte, denn schon vor über 500 Jahren wurden hier wichtige Entscheidungen getroffen. Zwischen 1447 und 1559 war der Platz Tagungsort der Landesversammlung der unabhängigen Bauernrepublik Dithmarschen. Die 48 Regenten tagten hier jeden Sonnabend, schufen Gesetze, erhoben Straftaten, sprachen Recht oder schickten Gesandtschaften.

Als der Marktplatz 2001 neu gestaltet wurde, baute man ein Rondell mit einer Laterne in die Mitte des Marktes, um an diese Zeit zu erinnern. Alle zwei Jahre lässt die Stadt die Mittelalterzeit mit einem riesigen Volksfest, dem »Heider Marktfrieden«, wiederaufleben. Dann sieht der Platz aus wie im 16. Jahrhundert, als sich hier samstags die Händler aus der ganzen Region getroffen haben, um ihre Waren zu verkaufen. Die Bauernrepublik Dithmarschen gibt es schon lange nicht mehr, aber der Wochenmarkt ist geblieben, und der Gang über den Markt ist eine der liebsten Samstagvormittags-Beschäftigungen der Dithmarscher.

Im Sommer sind hier bis zu 140 Stände aufgebaut, an denen vor allem Waren aus der Region angeboten werden. Mehrere Fischstände überbieten sich mit Nordseefischen, es werden Bio-Gemüse aus eigenem Anbau angeboten, Blumen, Pflanzen und Saatgut sowie Obst und Fleisch aus der Gegend – und ganz traditionell gibt es hier auch noch einen kleinen Geflügelmarkt mit lebenden Hühnern. Wer nach Nahrungsmitteln aus der Region sucht, ist hier genau richtig.

Im Dezember wird auf einer Seite des Marktplatzes der Weihnachtsmarkt aufgebaut. Das Highlight ist jedes Jahr die große überdachte Eislaufbahn. Selten wird der riesige Platz komplett genutzt, es sei denn, Herbert Grönemeyer spielt hier, wie 2015 geschehen, oder beim Sommer-Flohmarkt. Die restliche Zeit ist der riesige Marktplatz einfach nur ein Parkplatz.

Adresse 25746 Heide | Anfahrt A23, Ausfahrt Heide-Nord, links abbiegen und immer geradeaus, Markt im Zentrum der Stadt an der Kirche | Tipp Direkt am Marktplatz befindet sich Dithmarschens beliebtestes Kaufhaus Ramelow, in dem es vor dem Umbau eine der schönsten Spielzeugabteilungen gab. Auch wenn sie jetzt zusammengeschrumpft wurde, ist sie eine der wenigen Spielzeugabteilungen im ganzen Landkreis.

# 41 Das Pinselwerk

*Eine kreative Auszeit*

Das individuelle Geschirr, das besondere Stück auf dem Frühstückstisch oder ein selbst gebasteltes Geburtstagsgeschenk – im Pinselwerk in Heide oder Büsum kann man sich kreativ austoben. Aus 150 vorgefertigten Keramikformen, von Bechern und Müslischalen über Vasen, Kerzenhalter oder Keramiktiere bis hin zu Fliesen und Türschildern, wird alles angeboten, was man aufstellen, nutzen oder aufhängen kann.

Die Anmeldung ist denkbar einfach. Entweder kurz anrufen oder einfach direkt vorbeikommen. In der Regel ist in gemütlicher Runde bei einer Tasse Tee, Kaffee oder Kakao immer noch ein kleiner Arbeitsplatz frei. Erst aus den über 60 unterschiedlichen Farben die richtige Kombination zusammenstellen, und los geht's. Alle Farben sind bleifrei, lebensmittelecht und frei von jeglichen Giftstoffen.

Es gibt Pinsel in unterschiedlichen Ausführungen und jede Menge Schablonen, Stempel, Abklebebänder oder Pauspapier, in allen Mustern. Einige Hilfsmittel sind praktisch, andere lediglich inspirierend. Außerdem steht das Team vom Pinselwerk immer mit Rat und Tat zur Seite und gibt entweder nur Impulse oder ganz praktische Tipps. Nach der kreativen Arbeit erfolgt die handwerkliche. Der Ton muss gebrannt werden. Das dauert je nach Nachfrage gern ein paar Tage, dann kann man sein kleines Kunstwerk im Laden abholen. Für Touristen auf der Durchreise gibt es den Service des Nachschickens, der vor allem in den Sommermonaten dankbar angenommen wird.

Besonders beliebt ist das Pinselwerk bei Kindern, die hier gern ihre Geburtstage mit den besten Freunden feiern. Das klingt mutig und ungewöhnlich, mit Kindern in einem Keramikladen zu feiern, aber es funktioniert. Auch immer mehr Firmen erkennen in der Arbeit mit der Keramik die teambildende Energie und organisieren im Pinselwerk ihre Betriebsfeste. Erstaunlich, was alles in einer Müslischale stecken kann …

**Adresse** Süderstraße 29, 25746 Heide, www.pinselwerk.com | **Anfahrt** im Zentrum von Heide | **Öffnungszeiten** Di, Mi, Fr 14–19 Uhr, Do 10–19 Uhr, Sa 10–18 Uhr, Infos unter Tel. 0481/78708080; Pinselwerk inzwischen auch in Büsum und Husum | **Tipp** Im Sommer lädt eine Wasserpumpe alle Kinder dazu ein, sie zu bedienen. Die Pumpe befindet sich an einem schattigen Plätzchen, direkt neben der Eisdiele und dem Marktplatz (Markt 14).

# 42 Der Schuhmacherort

*Handwerkerparty bis in die Morgenstunden*

Der Name dieser Straße war einst Programm. Im Jahr 1846 hatte Heide 5.396 Einwohner, und von dieser vergleichsweise geringen Einwohnerzahl waren 158 Schuhmachermeister von Beruf. Sie wiederum beschäftigten 166 Gesellen. In den Blütejahren der Handwerkskunst soll rund ein Viertel aller Menschen in Heide diesem Gewerbe nachgegangen sein. Heute wartet man oft vergebens auf einen Handwerker, wenn man ihn braucht. Von Schuhmachern ganz zu schweigen. Der Beruf stirbt aus, die letzten Schuster schließen ihre Läden.

Das war in den Blütejahren der Handwerkskunst undenkbar. Handwerk hatte goldenen Boden. In Dithmarschen hat man das schon immer gewusst und ist bis heute stolz darauf. So stolz, dass man 1984 eine Bronzefigur des deutschen Malers und Bildhauers Siegfried J. Assmann an den Eingang der Straße stellte. Ein Schusterjunge, der mit einem Hammer die Sohle bearbeitet und daran erinnern soll, wie die Gerber und Schuhmacher Mitte des 19. Jahrhunderts für die Bewohner und Markthändler der Stadt Schuhe reparierten oder andere Lederarbeiten ausführten.

Von dem Bildhauer Siegfried J. Assmann gibt es in Heide übrigens noch weitere Arbeiten zu sehen. So hat er sich am Wasserturm verewigt, den Hahnbeermann erschaffen, auch die acht verschiedenen Bildtafeln am Brunnen am Südermarkt sind von ihm.

Der Schuhmacherort ist heute ein Ausgehviertel. Vor allem Jugendliche mögen die Kneipendichte und die Restaurants. Hier findet man alles. Sogar das erste Sushi-Restaurant hat im Schuhmacherort vor Kurzem eröffnet. Während man in den späten Abendstunden das Gefühl hat, die Stadt Heide sei ausgestorben, gibt es in der Kopfsteinpflasterstraße noch immer eine Bar, aus der Musik kommt und in der man ein Herz für den Nachtmenschen hat, der gern noch ein letztes Bier trinken möchte. Im einzigen Irish Pub der Kreisstadt ist sogar noch das Rauchen erlaubt.

**Adresse** Schuhmacherort, 25746 Heide | **Anfahrt** Verlängerung der Marktstraße, am Ende des Marktplatzes | **Tipp** Im »Kunsthaus alter ZOB« füllen Künstler den alten ZOB mit neuem Leben. Die Ausstellungen sind freitags, samstags und sonntags geöffnet (Bahnhofstraße 2a).

# 43 Der Wasserturm

*Der höchste Wasserturm Schleswig-Holsteins*

Im 18. Jahrhundert war es in ganz Norddeutschland schwierig, an Frischwasser zu kommen. In Dithmarschen besonders, denn durch die angrenzenden Marschgebiete wurde meist nur stark verunreinigtes Brackwasser nach Heide gefördert. Für die Bevölkerung standen als einzige Wasserquelle 69 Brunnen zur Verfügung, die überall in der Stadt verteilt waren. So brachte die Typhus-Epidemie große Not über die Bewohner der Stadt.

Doch wie so oft entsteht in schwierigen Zeiten etwas Großes. Und so wurde 1903 der Wasserturm errichtet. Über große Pumpen wurde fortan Frischwasser vom Geestrand aus 60 Meter Tiefe über eine 3.270 Meter lange Rohrleitung in den Stahltank gepumpt. Über die Schwerkraft lief das Wasser dann direkt in die Häuser. Mit dem Zugang zu frischem Trinkwasser wurde eine der wichtigsten Voraussetzungen dafür geschaffen, die Epidemie in den Griff zu bekommen, bis moderne Pumpsysteme den alten Wasserturm überflüssig machten. 1978 stellte man ihn unter Denkmalschutz.

Erst 2005 entschloss sich die Stadt, ihr Wahrzeichen nach langem Hin und Her aufwendig zu sanieren. Heute sind in den Etagen Büroräume untergebracht, ganz oben, in 40 Meter Höhe, zog ein Standesamt ein. Hier sei man im siebten Himmel, heißt es ganz romantisch. In dem runden Zimmer ist genug Platz für kleinere Hochzeitsgesellschaften, die neben dem Blick auf das Brautpaar auch den Blick über die Stadt genießen möchten. Regelmäßig geben sich seitdem Paare im ehemaligen Wassertank das Jawort. Besonders originell sind die Hochzeitsbetreuer in original Dithmarscher Trachten.

Inzwischen ist der Wasserturm das Wahrzeichen der Stadt Heide geworden, idyllisch an einem kleinen See gelegen, in einer parkähnlichen Landschaft. Rund um den See stehen Bänke mit Blick auf die riesigen Heidefalter (siehe Ort 37). Unterhalb des Turms befindet sich das »Restaurant am Wasserturm«, mit regionaler Küche.

**Adresse** Brahmsstraße/Österweide, 25746 Heide | **Anfahrt** von der B 203 vom Zentrum kommend vor der Hochbrücke in die Brahmsstraße abbiegen, Wasserturm linker Hand | **Tipp** In der Gärtnerei Oesterreich, 50 Meter die Straße am See entlang, gibt es nicht nur Blumen und Pflanzen, sondern auch selbst gebackenen Kuchen und ein tolles Frühstück. Entweder sitzen die Gäste im urigen Erdgewächshaus oder unter dem Feigenbaum im Glashaus oder im blühenden Garten.

# 44 Der Friedhof

*Das Prachtgrab von Gustav Thomsen*

Stolz thront die St.-Marien-Kirche aus dem 14. Jahrhundert in dem 500-Einwohner-Ort Hemme. Der weiß getünchte Backsteinbau mit dem roten Ziegeldach und dem separat errichteten Glockenturm wurde auf einer Wurt zum Schutz vor Überschwemmungen errichtet. Die exponierte Lage macht die Kirche schon von Weitem gut sichtbar.

Vor der mit Grabplatten dekorierten Kirche befindet sich der Friedhof, der rund um das Gotteshaus angelegt wurde und in seiner Schönheit eher an einen Park erinnert. Die gepflegten Grabmäler, die kleinen Wege, die prächtigen Gräber und die vielen Tauf- und Hochzeitsbäume machen den Friedhof nicht nur zu einem Ort des Abschieds, sondern zu einem des Lebens, an dem man gern ist.

Das auffälligste Grab gehört der Familie Thomsen, wobei sich die Geschichte von Gustav Thomsen bis heute in Dithmarschen erzählt wird: Gustav Thomsen besaß eine Holzhandlung, führte einen Zeitungsverlag und gründete eine eigene Bank – die Tönninger Darlehensbank, die 1886 zur Westholsteinischen Bank wurde und sich heute Vereins- und Westbank nennt.

Zu Reichtum kam er aber schon 1880, als er vom regen Viehhandel mit England profitierte und mit der Tönninger Dampfschifffahrts-Gesellschalt seine eigene Reederei gründete. Allerdings musste er sie schon acht Jahre später wieder schließen, die Maul- und Klauenseuche brachte den Tierhandel zum Erliegen. Doch Gustav Thomsen hatte längst eine neue Aufgabe und wurde schließlich zum Dithmarscher Superstar, als er, wie sonst nur der Kaiser, mit einem Vierspänner 1881 in Berlin einfuhr. Bis 1898 blieb er dort, bis heute gilt er als der einzige Dithmarscher Reichstagsabgeordnete. Seine Wurzeln verleugnete er nie, im Gegenteil. Weil der Bauer vom Land seine Heimat so sehr vermisste, ließ er sich rund um seinen Berliner Wohnsitz Dithmarscher Erde aufschütten. Ein Dithmarscher bleibt eben ein Dithmarscher.

**Adresse** St.-Marien-Kirche, Dorfstraße 11, 25774 Hemme | **Anfahrt** Abzweig in die Dorfstraße von der B 5 | **Tipp** Im Inneren der Kirche gibt es eine durchgehende, halbhohe Wandvertäfelung aus dem Jahr 1650, auf der 121 Bilder aus der Bibel zu sehen sind.

# 45 Der Bauerngarten

*Eine Oase der Stille mit Geschichte*

Wer durch den Rosenbogen der Familie Peters geht, betritt eine andere, schönere Welt. Links das Gemüse, rechts der beeindruckende Staudengarten, die Wege umsäumt von Buchsbäumen, in der Mitte das Rondell mit alten Duftrosen und die sogenannte Habichtskugel zur Abwehr von Greifvögeln. Bis ins 20. Jahrhundert war diese Art von Bauerngärten in Dithmarschen selbstverständlich. Sie hatten einen Nutzen, sie ernährten die Familien, schienen aber in Zeiten der Industrialisierung in Vergessenheit zu geraten. Gerade erfahren sie ein Comeback, besonders durch gestresste Städter. Der Schrebergarten ist wieder angesagt.

Die Idee, altbewährte Heil-, Zier- und Nutzpflanzen anzupflanzen, hat auch Familie Peters angetrieben, ein solches Idyll zu errichten und es den Besuchern zugänglich zu machen. Ihr Hof entstand um 1840 und ging 1900 mit all seinen Ländereien in den Besitz des Großvaters über, der zur Goldrauschzeit in Kalifornien sein Glück gesucht hatte. Auf seiner Farm in den USA baute er für die Goldsucher Gemüse an, um sie zu versorgen, bis das Land überschwemmt wurde und er zurück nach Hennstedt kam. Der fruchtbare Geestboden war perfekt für den Rüben- und Kartoffelanbau, auch um das Vieh zu versorgen. Der Grundstein für den heutigen Garten war gelegt.

Der Bauerngarten hinter dem Haus wurde damals von seiner Frau angelegt und später vom gemeinsamen Sohn Ludwig und dessen Frau Käthe bestellt. Zunächst mit einem einfachen Gemüsebeet und einer Rasenfläche mit Obstbäumen darauf. Inzwischen zeichnet sich das Naturparadies von Familie Peters vor allem durch die Blütenvielfalt, die vielen Rosen oder den prachtvollen roten Mohn aus.

Der Hennstedter Bauerngarten, mit Blick auf den Kirchturm der St.-Secundus-Kirche, ist eine Oase der Stille. Im hinteren Bereich des Gartens befinden sich Bänke für die Besucher, uralte Bäume spenden zudem Schatten.

**Adresse** Kirchenstraße 6, 25779 Hennstedt | **Anfahrt** zwischen Kleve und Linden, von Kleve kommend auf dem Klever Weg in die Mühlenstraße und Kirchenstraße, ausreichend Parkplätze an der Kirche, Bauerngarten auf der gegenüberliegenden Straßenseite | **Öffnungszeiten** Garten das ganze Jahr über geöffnet, Eintritt kostenlos | **Tipp** Die St.-Secundus-Kirche stammt aus dem 13. Jahrhundert und wartet mit einer geschnitzten Kanzel von 1651 auf.

# 46 Die Eisenbahnbrücke

*Saurer Regen*

Wenn der Zug auf der Verbindungsstrecke zwischen Hamburg und Sylt plötzlich langsamer wird, Kinder und Erwachsene ihre Nasen an die Scheiben drücken, um ihren Blick über das weite flache Dithmarschen schweifen zu lassen, dann ist er gerade dabei, über die 2.218 Meter lange Brücke über den Nord-Ostsee-Kanal zu fahren. Besonderes Glück hat man, wenn im Moment der Überquerung ein Schiff unter der Brücke hindurchfährt. Der Blick von oben auf ein Containerschiff oder auf die Sonnenterrasse eines Kreuzfahrtschiffs ist spektakulär.

Seit 1920 fahren die Züge schon über diese Brücke. Nur hat der Ingenieur Friedrich Voß, der das 56 Meter hohe Werk aus Stahl in sieben Jahren mit Hilfe von meist russischen Kriegsgefangenen während des Ersten Weltkriegs erbaute, eine Kleinigkeit nicht bedacht. Unter der Brücke befinden sich Häuser mit schönen Gärten. Und für die Besitzer dieser Häuser war die Brücke viele Jahrzehnte lang ein Graus. Denn immer wenn ein Zug über die Brücke fuhr, regnete es von oben Fäkalien in die Gärten und auf die Dächer. Eine Gartennutzung war nur dann möglich, wenn kein Zugverkehr war – also nachts. Essenszeiten im Garten wurden dem Fahrplan der Züge angepasst.

1992 erlangte die Brücke überregionale Bekanntheit durch den Fäkalienprozess, in dem schließlich 1995 der Klage eines Hausbesitzers stattgegeben wurde, der ein Ende der Fäkalienemission aus den noch offenen Plumpsklos der Eisenbahnwaggons verlangte. Der Bahn wurde eine Fünfjahresfrist gesetzt, um alle Züge mit geschlossenen WCs auszustatten. Da dies aber bis zum Jahr 2000 nicht geschafft wurde, gab es noch viele Jahre kurz vor der Überquerung der Brücke eine Durchsage, die Toiletten in den nächsten Minuten nicht zu benutzen.

Inzwischen gehören die Fäkalien von oben der Vergangenheit an, die Gärten müssen heute wieder von den Hausbesitzern selbst gedüngt werden.

Adresse Südseite 4, 25712 Hochdonn | Anfahrt auf der L 327 aus Vahle direkt zur Brücke | Tipp Auf der Dithmarscher Seite befindet sich eines der Top- Restaurants des Landkreises: das Burger Fährhaus mit sehr feiner Küche und angeschlossenem Hotel und Blick auf den Kanal (www.burger-faehrhaus.de).

# 47__Die Kanalfähre

*Ganz entspannt übersetzen*

Ein kurzes Nicken, ein Moin, noch eine Minute auf ein paar Fahrradfahrer, Trecker oder Fußgänger warten, und schon schließt sich die Schranke. Die Fähre setzt sich in Bewegung, und wenige Minuten später nickt der Fährmann ein zweites Mal – zum Abschied.

Die Überquerung des Kanals ist 24 Stunden lang an sieben Tagen der Woche kostenlos. Das war schon immer so, denn als 1895 der Nord-Ostsee-Kanal eingeweiht wurde, zeigte sich die Bevölkerung alles andere als begeistert. Die heute meistbefahrene Wasserstraße der Welt durchtrennte zu viele Straßen und Wege, die zum öffentlichen Verkehrsnetz gehörten. Also musste Kaiser Wilhelm reagieren und veranlasste die kostenlose Benutzung der Fähren zu jeder Tages- und Nachtzeit. Dadurch bestehen viele der alten Verkehrswege bis heute und werden nur von einer kurzen Fährfahrt unterbrochen. Selbst an den Autobrücken nutzen Einheimische und Touristen gern die entspannte Alternative über das Wasser.

Besonders attraktiv ist die Überfahrt bei Hohenhörn, mit Blick auf die alte Eisenbahnbrücke und die Autobahnbrücke auf der anderen Seite, die erst 1989 eröffnet wurde. Sie entlasten die Fähren spürbar. Hin und wieder sieht man sie vom Ufer aus, wie sie sich mitten auf dem Kanal um die eigene Achse dreht, wenn gerade kein Schiff kommt. Dann gibt es einen Grund zum Feiern. Entweder ist jemand an Bord, der Geburtstag hat, meist sind es Kinder oder ein frisch vermähltes Paar.

Eine der ältesten Fähren verkehrt bei Hochdonn: die »Nobiskrug«, eine Klappfähre von 1953. Allerdings sind ihre Tage gezählt. Der schwere Dieselmotor ist mit dem Klimaschutz nicht mehr vereinbar. Die 14 Fähren am Kanal sind in die Jahre gekommen. 2016 waren sie erneut Thema, als einem Burger Fährmann die Schranke beim Anlegen zusammenbrach. Sie war durchgerostet. Mittelfristig sollen die Fähren durch hybridbetriebene Wasserfahrzeuge ersetzt werden.

**Adresse** Südseite 4, 25712 Hochdonn | **Anfahrt** A 23 in Hanerau-Hademarschen Richtung Süden verlassen und der Beschilderung Richtung Hochdonn folgen | **Tipp** Viele fahren mit dem Fahrrad von einer Fähre zur nächsten, genießen die Überfahrt und fahren auf der anderen Seite des Nord-Ostsee-Kanals wieder zurück, um erneut überzusetzen.

# 48 Klein Westerland

*Mit den Schiffen schwimmen*

Das Baden im Nord-Ostsee-Kanal ist ganz offiziell verboten. Dafür gibt es 1.000 gute Gründe, die allesamt nichts mit der Wasserqualität zu tun haben. Der Hauptgrund ist, dass große Schiffe starke Sogwirkungen erzeugen, die kein Schwimmer realistisch einschätzen kann. Immer wieder gab es besonders in den 80er Jahren Waghalsige, die den Kanal schwimmend durchquerten. Doch davon ist dringend abzuraten, denn der Schwimmausflug ist lebensgefährlich. Es gibt aber eine Ausnahme an der meistbefahrenen Wasserstraße der Welt: die kleine, idyllisch gelegene Badebucht »Klein Westerland«. Sie liegt direkt neben dem gleichnamigen naturbelassenen Campingplatz. Hier gibt es ganzjährig Eis, Kuchen und Herzhaftes auch für Nicht-Camper.

Vor einigen Jahren war in »Klein Westerland« noch ein kleiner Sandstrand, aber der ist leider, wie fast überall in Dithmarschen, im Rahmen der Modernisierung durch eine Badeleiter ersetzt worden. Das tut dem Vergnügen jedoch keinen Abbruch. Bojen begrenzen den Abschnitt für die Schwimmer, dahinter teilen sich Angler des örtlichen Angelvereins die Bucht mit Segelbooten und Yachten, die hier auch gern über Nacht bleiben.

Die große Graswiese dient als Strand, im hinteren Bereich spenden in den Sommermonaten Bäume Schatten. Die normalerweise anfallende Kurtaxe an allen Orten an der Küste, an denen man ins Wasser gehen darf, entfällt. Dafür gibt es immer genug Platz, das Handtuch auszubreiten. Selbst in den Sommermonaten ist »Klein Westerland« nie überfüllt.

Bänke an der Böschung zwischen Badebucht und Kanal bieten einen schönen Blick, wahlweise auf die Badestelle oder auf die vorbeiziehenden Ozeanriesen und Tanker. Beim Zuschauen kann man gut darüber nachdenken, warum sich dieser Ort eigentlich Klein Westerland nennt, denn mit Sylt hat er beim besten Willen nichts zu tun. Diese Frage bleibt also in der Regel offen.

Adresse Zur Holstenau 1, 25712 Hochdonn | Anfahrt am einfachsten über Schafstedt von der A 23 aus Richtung Burg, dann Ausschilderung zum Campingplatz »Klein Westerland« folgen, Anfahrt nur aus dieser Richtung möglich, auf der anderen Seite privater Feldweg; Badebucht am besten mit dem Fahrrad erreichbar | Tipp Ein weiterer und deutlich schönerer Campingplatz ist der »Hohenhörner Campingplatz«, der sich nur wenige Kilometer entfernt bei Hochdonn befindet, ebenfalls direkt am Nord-Ostsee-Kanal. Ein Stellplatz mit einem Erwachsenen kostet nur neun Euro.

# 49 Der Kanal 33

*Schiffe im Biergarten gucken*

Schon wenige Jahre nach der Eröffnung 2013 war das moderne Café mit Biergarten und Spielplatz Kult in der ganzen Region. Die 200 Plätze im Außenbereich im Beach-Club-Stil mit Liegen und urigen Sitzen sind in den Sommermonaten heiß begehrt, besonders dann, wenn ein Kreuzfahrtschiff zum Greifen nah am Kanal 33 vorbeizieht. Wann welcher Gigant kommt, kann jeder Besucher dem Aushang im Eingangsbereich entnehmen.

Hier gibt es selbst gebackenen Kuchen mit Zutaten aus der Region, Café aus der nahe gelegenen Rösterei in Wacken, aber auch Herzhaftes wie Pommes, Flammkuchen, Sandwiches oder donnerstags Pizza aus dem Steinofen. Für das Frühstücksbuffet reisen die Gäste oft kilometerweit an.

Besonders beliebt ist das Café bei Radfahrern. Hier gibt es eine Radstation mit Werkzeug und Schläuchen, einen Unterstand und einen Fahrradverleih, der auch den Hotelgästen zur Verfügung steht. Die neun Zimmer und das Ferienappartement im Haus kosten alle um die 100 Euro und sind liebevoll mit den ehemaligen Dalben aus dem Nord-Ostsee-Kanal eingerichtet. Die alten Schiffspfeiler dienten einst zum Festmachen oder Abweisen der Frachtschiffe. Das urig aussehende Holz ist überall im Kanal 33 verbaut. Tische, Treppen, Fußböden und sogar die Fensterbänke bekommen durch das Holz einen modernen, urbanen Stil.

Kaum zu glauben, dass das Gebäude von 1912 über zehn Jahre bis zu seiner Sanierung im Dornröschenschlaf lag. Der Vorgänger ließ die Pension verfallen, öffnete nur noch selten sein Restaurant und gab es 2012 schließlich ganz auf. Die neue Besitzerin Petra Lucht erkannte das Potenzial und plant schon neue Innovationen in der privilegierten Lage. In den nächsten Jahren sollen hier fünf komfortabel eingerichtete Stelzenhäuser im Baumhaus-Stil entstehen. Der Kanal 33 befeuert den Trend zum Urlaub im eigenen Land. Dieses Haus ist definitiv ein originelles und trendiges Urlaubsziel.

Adresse Hohenhörner Straße 33 (daher der Name), 25725 Hohenhörn, www.kanal33.de | Anfahrt mit dem Fahrrad von Burg aus weiter Richtung Autobahnbrücke, Café direkt neben der Brücke | Öffnungszeiten in den Wintermonaten nur Do–So, im Sommer täglich 9–20 Uhr, manchmal auch länger | Tipp Gegenüber dem Café befinden sich die Getreide-Silos, die noch immer in Betrieb sind. Zur Erntezeit kann man die Bauern beim Abladen beobachten oder ihnen beim Verladen auf die Frachtkähne zuschauen.

# 50 Die Bockmühle

*Die letzte Schopfmühle ihrer Art*

Der Begriff »Marsch« bedeutet so viel wie »weite Wasserebene«, und das Phänomen, dass Pfützen und Seen voneinander nicht mehr zu unterscheiden sind, kann man nach besonders starken Regenfällen noch immer beobachten. Heute sorgen moderne Entwässerungssysteme und elektrische Pumpen dafür, dass das Wasser schnell wieder ablaufen kann, doch vor der Industrialisierung waren diese Riesenpfützen ein Problem. In einer Zeit, in der das Land beackert werden sollte, brauchte es kreative Lösungen, um verlässlich Getreide anzubauen, und die brachten die eingewanderten Holländer mit. Mit Mühlen – das wussten unsere Nachbarn schon immer – lassen sich viele Probleme lösen. Und so entstanden überall im Land sogenannte Schopfmühlen, die zum Grundstein für ein erstes Entwässerungssystem der Marsch wurden.

Mit ihren großen Schaufelrädern schöpften sie das Wasser aus den niedrigen Zuggräben rund um die Felder in die bis zu einem Meter höher gelegenen Gräben. Von dort aus konnte das Wasser in die benachbarten Flüsse Wilster-Au, Stör und Elbe abgeleitet werden. Die Region bekam den Beinamen Mühlenland und erlebte durch ihren Getreideanbau einen wirtschaftlichen Aufschwung. Der Siegeszug der Schopfmühlen war nicht mehr aufzuhalten, bald hatte fast jeder Bauernhof eine oder mehrere eigene Schopfmühlen.

Die Honigflether Bockmühle aus dem Jahr 1850 ist die letzte Schöpfmühle ihrer Art in Schleswig-Holstein, und sie ist bis heute funktionsfähig. Wenn der Wind weht, werden die Flügel gespannt. Die Felder werden noch immer auf diese alte traditionelle Art entwässert. 1960 wurde die Schopfmühle von ihrem ursprünglichen Standort in Nortorf nach Honigfleth versetzt und unter Denkmalschutz gestellt. Zur Jahrtausendwende wurde sie grundsaniert und für die Zukunft gerüstet. Bis heute ist die Schöpfmühle das Wahrzeichen der Wilstermarsch. Sie kann nach Terminabsprache besichtigt werden.

Adresse Kathen 4, 255554 Honigfleth-Stördorf | Anfahrt von Itzehoe auf der B 5 Richtung Brunsbüttel, Abfahrt Dammfleth, dann rechts auf Dammfleth und wieder rechts nach Kathen, etwa 200 Meter Fußweg über die Wiese zur Mühle | Öffnungszeiten Terminabsprache mit Helmut Sievers, Tel. 04823/8858 | Tipp Zu empfehlen ist die Besichtigung der alten Schleuse Kasenort mit Schleusenkammer und Liegeplätzen für Segel- und Motorboote.

# 51__Der Growian

*Der erste Windpark der Welt*

Eine Landschaft ohne Windkrafträder kann sich an der Westküste niemand mehr vorstellen. Längst gehören die Propeller ins Landschaftsbild. Über kaum ein anderes Thema können die Dithmarscher so leidenschaftlich streiten. Auf der einen Seite stehen die Atomkraftgegner, die sich über das Aus des Kernkraftwerks Brunsbüttel freuen und die Propeller dafür gern in Kauf nehmen. Auf der anderen Seite die Naturschützer: Sie sprechen von einer Verspargelung der Landschaft, machen auf die Gefahren für die Vogelwelt aufmerksam oder ärgern sich über den Lärm. Ein großes Ärgernis ist außerdem der sogenannte Discoeffekt, der entsteht, wenn sich das Rad durch die tief stehende Sonne dreht und Licht und Schatten wie bei einer sich drehenden Discokugel wirft. Inzwischen müssen bestimmte Abstände zu Grundstücken eingehalten werden, doch vielen genügt das nicht. Sie fordern Offshoreparks und kämpfen für die komplette Verlegung ins Meer.

Im Kaiser-Wilhelm-Koog, wo der Wind verlässlich pfeift, wurde 1987 das erste Windkraftrad der Welt, der Growian, aufgestellt. Doch seine Ineffizienz führte zu seinem schnellen Ende. Growian ist inzwischen komplett abgebaut worden. An seiner Stelle wurde der erste Windpark Deutschlands errichtet. Bis Ende 2011 produzierte er bereits 200 Millionen Kilowattstunden, für die damaligen Verhältnisse Rekord.

Um den Besuchern an diesem historischen Ort die Technik näherzubringen, ist eines der Windkrafträder hingelegt worden, sodass man über eine kleine Stahltreppe zu dem riesigen Rotor im Inneren gehen kann. Zusätzliche Informationen über die Entstehungsgeschichte des Windrades sind auf Tafeln an den Wänden lesbar.

Die Idee des Bürgerwindparks hat sich inzwischen in Dithmarschen durchgesetzt. Um die Energiewende aber voranzutreiben, werden die Windräder ständig durch effizientere Anlagen ausgetauscht. Growian ist also nur eines von vielen Opfern.

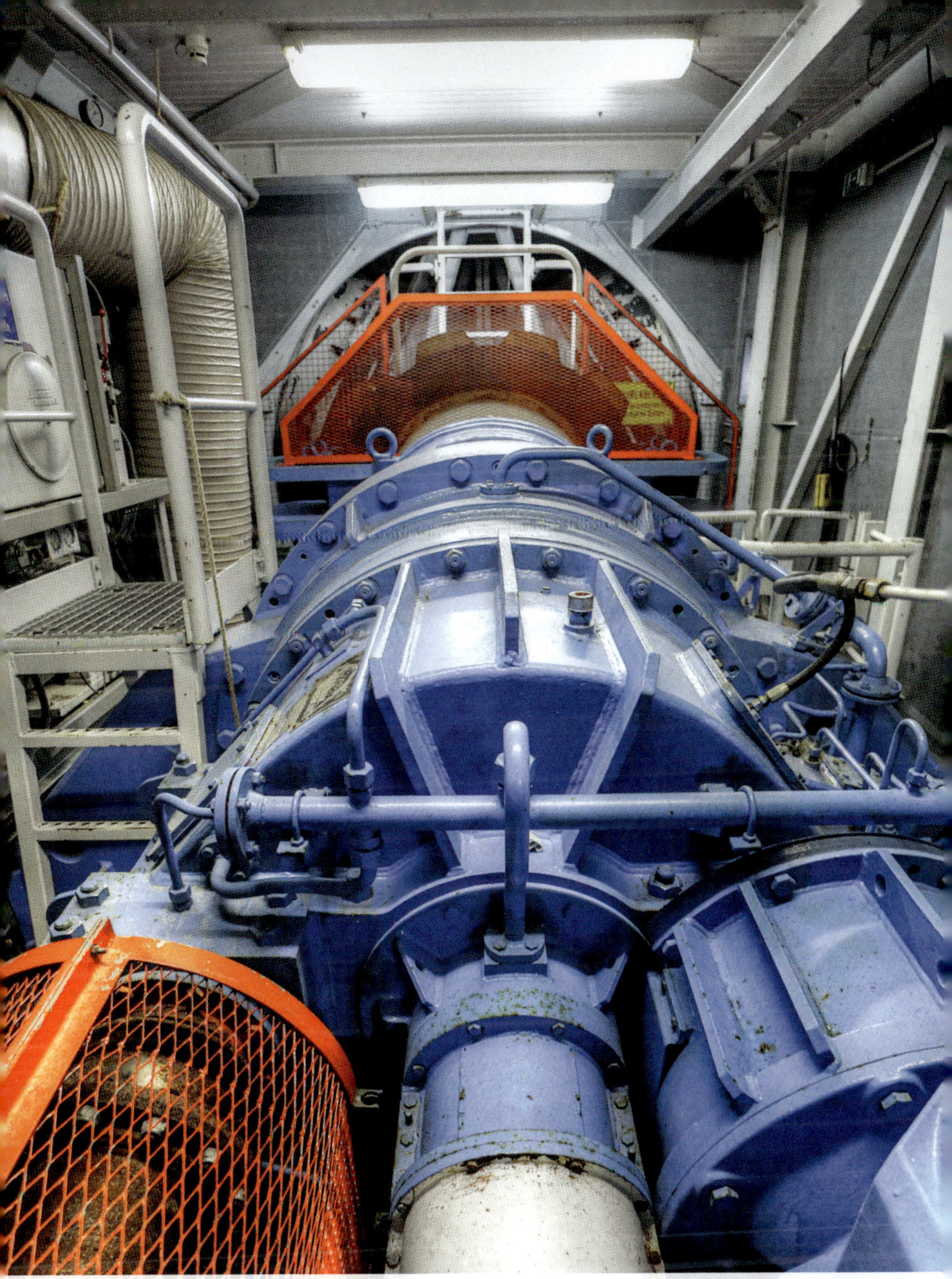

**Adresse** Sommerdeich 14b, 25709 Kaiser-Wilhelm-Koog | **Anfahrt** von Marne aus auf die Nordseestraße Richtung Kaiser-Wilhelm-Koog, kurz vor dem Koog links in den Sommerdeich abbiegen | **Tipp** Zwei Minuten mit dem Auto entfernt, in Dieksanderkoog, liegt Gilas Landgasthof. Jeden ersten Sonntag im Monat gibt es ein beliebtes warmes Buffet, an den anderen Sonntagen normalen Restaurantbetrieb.

# 52 Der Spreewaldkahn

*Staken durch die Aue*

Kein Motor, kein Segel und nicht einmal ein anständiges Ruder. Willkommen in einem traditionellen Spreewaldkahn, der sich nur mit einem sogenannten Rudel, einer bis zu sechs Meter langen Holzstange, mit der man sich am Boden abstoßen kann, vorwärtsbewegen lässt. »Staken« nennt man diese praktische, wenn auch sehr langsame Art der Fortbewegung, die sich aber auf kleinen Flüssen, Kanälen und Auen über Jahrhunderte bewährt hat.

Einst ersetzten die Flüsse die Straßen, und so galten die Kähne als wichtige Transportmittel. Viele Orte, wie auch Burg, sind erst durch die Auen möglich geworden. Ende des 19. Jahrhunderts galt die Burger Au sogar als ein bedeutender Handelsweg, der erst durch den Bau des Nord-Ostsee-Kanals an Bedeutung verlor.

Die Kudener Kahnschiffer-Gilde lässt diese Zeit und den Spaß am Staken schon seit den späten 80er Jahren wiederaufleben. Damals, kurz vor der Wende, waren die Spreewaldkähne günstig zu bekommen, und so konnte der Verein sich eine originelle Touristenattraktion aufbauen. Ausgangspunkte sind mehrere Häfen und Bootshäuser rund um den Luftkurort Burg. Die Kahnfahrt durch die Burger Streusiedlung führt vorbei an reetgedeckten Häusern, Heuschobern und Fischkästen. Das Vergnügen startet traditionell im Hafen von Kuden, führt dann hinaus auf den Kudensee und in die Au. Meist mieten Gruppen die Kähne, die sich auf der Fahrt mit Kaffee und Kuchen bewirten lassen können. Jedes Boot ist mit Tischen ausgestattet.

Den Begriff »Gruppe« sehen die Betreiber allerdings nicht so eng, denn schon mit zwei Personen ist eine Gruppe komplett. Genauso einfach ist das mit den Kosten geregelt: Jeder Gast zahlt das, was ihm die Reise wert war, es gibt also keine festen Fahrpreise. Gefahren wird von Ende April bis September, wenn das Wetter eine Fahrt zulässt, denn die traditionellen Spreewaldkähne sind offene Boote.

Adresse Buchholzer Moor, an der Burger Au, 25712 Kuden / Buchholz, 53°57'35.9" N 9°12'50.4" E | Anfahrt von Kuden über Blankensee, dann rechts in den Neuer Weg abbiegen und über den Fluss fahren, links zum Buchholzer Moor | Öffnungszeiten Buchungen unter Tel. 01514/2640831 bei Herrn Markus Cornils | Tipp Machen Sie einen Spaziergang am Fluss entlang zum Kudensee, dem größten See im Kreis Dithmarschen. Seit 1992 sind der See sowie die ganze Umgebung ein 172 Hektar großes Naturschutzgebiet. Es handelt sich um den letzten Flachwassersee in den Elbmarschen, und er ist geschützt.

# 53_Das Kammergrab

*Paradies für Archäologen*

Niemand kann genau sagen, wie vor 3.000 Jahren Menschen bestattet wurden. Es gibt dazu viele Theorien, und auch die Forschung ist sich nicht einig. Das am besten erhaltene Großsteingrab in Westholstein gibt zwar keinen Aufschluss, aber es bietet Indizien und befeuert Theorien. Um sich diesen Gedankenspielen und den Forschungsergebnissen hinzugeben, ist das Kammergrab in Linden-Pahlkrug geradezu prädestiniert.

Als Archäologen das Steingrab 1879 an heutigen Verhältnissen gemessen unsachgemäß öffneten und den Gang freilegten, entdeckten sie neben Skeletten auch zahlreiche Reste von verzierten Tongefäßen. Außerdem fanden sie Bronzestücke, einen Schleifstein und einen Steindolch – allesamt gelten allerdings inzwischen als verschollen. Aber sie beweisen, dass es schon in der Steinzeit eine Form von Totenkult gegeben haben muss, eine Art der Abschiedszeremonie.

In dem Kammergrab sind nur Knochenhaufen beigesetzt worden, die Leichen sind möglicherweise an einem anderen Ort verwest und später hierhergebracht worden. All diese Fakten werfen Fragen auf, das Kammergrab in Linden ganz besonders viele. Es handelt sich trotz des kurzen Gangs um ein sogenanntes Großsteinzeitgrab, das für mehrere Verstorbene errichtet worden sein muss und immer wieder geöffnet wurde. Gräber wie diese hat man vor allem in Skandinavien, Frankreich und Holland gefunden.

1981 ist die gesamte Anlage restauriert worden, auch um das Kammergrab der Öffentlichkeit zugänglich zu machen. Dazu wurde ein Lichtschacht eingebaut und der Eingang mit einem Schwellstein verstärkt. Der Grabhügel ist nach den Forschungsergebnissen des überlieferten Fundes rekonstruiert worden. Wie viele dieser Gräber sich noch im Raum Dithmarschen befinden, ist unklar, vor allem, weil die am besten erhaltenen Gräber sich außerhalb größerer Orte befinden und an genau diesen Stellen weniger geforscht wird.

**Adresse** zwischen Pahlkrug und Linden direkt an der L 172, 25791 Linden | **Anfahrt** L 172, kleiner Parkplatz vorhanden | **Tipp** In dem Grab sind außerdem zwei bronzezeitliche Urnen von Nachbestattungen gefunden worden, die sich im Landesmuseum Schleswig befinden.

# 54 Die Deichqueen

*Stricken ist in*

Dithmarschen ist eine Schafsregion. Die Deiche, die saftigen Wiesen, die Hofläden und Molkereien sorgen dafür, dass man hier ständig dem Schaf und den Produkten, die es liefert, begegnet. Man bekommt alles, nur keine Wolle. Das wollten die beiden Deichqueen-Gründerinnen Marion und Astrid ändern.

Die Deichqueen nahe der Kreisstadt Heide hat sich auf die Stricker des Landes spezialisiert. Sie bietet Wolle in allen Farben und Sorten an, nicht nur vom Schaf. Es gibt Wolle von Drops, Scheepjes, Pascuali, Schoppel, Mayflower, ITO, Hoooked und Schachenmayr und die dazu passenden Nadeln von allen Marken wie Addi, Prym, Clover und KnitPro.

Wie sehr die Betreiber ihre Arbeit lieben, kann man auf der Internetseite und ihrem Blog lesen. Immer wieder setzen sie neue Impulse. So riefen sie im letzten Jahr zur Sockenaktion auf, bei der innerhalb eines Monats 50 Paar Socken gestrickt werden sollten. Die Deichqueen schickte kostenlos das Strickmaterial an die Teilnehmer. Einen Monat später kamen 81 Paar Socken zurück. Teilgenommen haben 30 Frauen und ein Mann. Die Socken wurden verkauft, das Geld an die Kindertafel gespendet.

Die Deichqueen steht für eine neue Generation von Strickerinnen und Strickern, die sich in dem liebevoll und vor allem kunterbunt eingerichteten Laden nicht nur mit Stricknadeln, Wollknäuel und Vorlagen eindecken, sondern sich hier auch treffen und austauschen. Auf diese Weise entstehen immer neue Ideen, und die Strickcommunity wächst täglich in Dithmarschen. Wie angesagt das Stricken ist, verrät auch ein Blick auf den Büchertisch der Deichqueen. Neben den zahlreichen Zeitschriften kommen immer mehr Bücher auf den Markt, die sich mit dem Thema Stricken beschäftigten. Die prominentesten Stricker sind übrigens die Norweger Arne und Carlos, die es mit ihrer Leidenschaft sogar schon in deutsche Talkshows geschafft haben. Die Deichqueen liegt also voll im Trend.

Adresse Blauer Lappen 26, 25746 Lohe-Rickelshof, www.deichqueen.de | Anfahrt A 23, Ausfahrt Heide-West, auf der B 203 Richtung Heide, am Kreisverkehr dritte Ausfahrt | Öffnungszeiten Mo–Fr 9–12.30 und 14–18 Uhr; Mo, Di, Mi gemeinsames abendliches Stricken | Tipp An der Bundesstraße 203 liegt auf dem Weg zwischen der Autobahn und der Deichqueen eine der wenigen noch erhaltenen Ölförderpumpen, die an die wenigen Jahre der Ölförderung in Dithmarschen erinnert.

# 55__Das Auswanderermuseum

*Das NaTour-Centrum*

Auf den ersten Blick ist es ein normales Heimatmuseum, wie es sie viele in Dithmarschen gibt, mit nachgebauten Wohnzimmern, einem alten Klassenraum, einem wertvollen Altar und einer Moorlandschaft, sogar mit einer eigener Nebelmaschine. Doch der eigentliche Schatz kam durch einen Zufall ins Museum.

Als sich im Jahr 2000 die Idee, ein eigenes Museum in der ehemaligen Schule in Lunden zu eröffnen, im Ort herumsprach, waren die Bewohner Feuer und Flamme und durchsuchten ihre Keller, Böden und Scheunen. Monatelang brachten sie alles, was sie für sehenswert hielten. Viele von ihnen fanden aber vor allem Akten und Dokumente von ausgewanderten Lundener Söhnen. Sie hatten teils vor der Jahrhundertwende oder während und nach dem Krieg ihr Glück in den USA gesucht. So wie die Familie des Malers Wilhelm Heinrich Detlev Körner, der im Laufe seines Lebens zu einem der bedeutendsten Künstler des Wilden Westens geworden war. Zu seinen größten Fans gehörte der ehemalige US-Präsident George W. Bush, der eines seiner Bilder im Oval Office aufgehängte und mit dem Bild auf der Rückseite seiner Autobiografie dem Dithmarscher ein Denkmal setzte.

Einige Bilder sind heute im NaTour-Centrum ausgestellt. Körner soll in seinem Leben über 2.600 Werke geschaffen haben. Doch auch viele nie berühmt gewordene Lundener zog es in das Land, das damals noch für seine unbegrenzten Möglichkeiten bekannt war. Kein Wunder also, dass es in dem Museum bis heute immer wieder Anrufe von Menschen aus den USA gibt, die nach ihren Wurzeln suchen. Oft stammten Opa oder Uropa nämlich aus Dithmarschen.

Das Museum bietet außerdem eine spannende Multimedia-Schau an Mitmachterminals an und lässt die Besucher nachempfinden, wie sehr die Menschen damals noch mit der Natur, der Tierwelt und den Flüssen Eider, Treene und Sorge verbunden waren. Es ist eben auch ein Natur-Museum.

**Adresse** Wilhelmstraße 18, 25774 Lunden, www.museum-lunden.de | **Anfahrt** Museum nahe dem Zentrum Richtung Krempel an der B 5 | **Öffnungszeiten** Do 14–16 Uhr, Eintritt: Erwachsene 3 Euro, Kinder 2 Euro | **Tipp** Im Naturerlebnisraum Wanderpark Linden wandert man durchs Moor.

# 56 Der Geschlechterfriedhof

*Ein morbides Vergnügen*

Errichtet wurde er auf einer kleinen Sanddüne neben der St.-Laurentius-Kirche aus dem 11. Jahrhundert, zum Schutz vor Hochwasser und Sturmfluten, von einer Mauer umgeben, die die Dänen, die damals als die Feinde der Dithmarscher galten, abhalten sollte. Dieser Friedhof ist ein geradezu morbides Vergnügen. Doch man braucht Phantasie, um sich vorzustellen, wie zum Beispiel der Weg an der Innenseite der Schutzmauer, an dem die Toten vor der Bestattung mehrmals hin- und hergetragen wurden, ausgesehen haben könnte.

In der Mitte des Friedhofs soll es ebenfalls einen breiten Weg gegeben haben, den sogenannten Hauptweg. Wer hier begraben wurde, war reich und damit berühmt, alle anderen wurden an unspektakuläreren Grabstätten beigesetzt. Im Südosten der Kirche sind keine Grabplatten mehr zu finden, wahrscheinlich wurden hier die Ärmsten des Ortes bestattet. Diese Unterteilung stammt aus der Zeit zwischen 1447 und 1559, als Dithmarschen keiner königlichen oder fürstlichen Herrschaft angehörte, sondern eine Bauernrepublik war. Die Familien entwickelten sich zu Geschlechtergemeinden, mit enger Verbundenheit untereinander. Die stolzen und einflussreichen Bauern ließen sich mächtige Steingräber und aufwendige Grabkammern als Erinnerung an ihre Herrschaft errichten. Die ältesten stammen aus dem 15., die jüngsten aus dem 17. Jahrhundert.

Der Geschlechterfriedhof ist kulturgeschichtlich einzigartig, denn zu jedem Familiengrab gehört ein Hof.

Von den 19 Grabkellern sind noch 13 erhalten. Eine der Grabkammern kann man sogar betreten. Das ist ein gruseliges Erlebnis, wenn man die Treppe hinuntersteigt und den Geruch von feuchter, modriger Erde in der Nase hat und schließlich auf den matt beleuchteten Sarg schaut.

In der St.-Laurentius-Kirche fanden übrigens nicht nur die Trauerfeiern statt, sondern sie war auch Zufluchtsort bei Sturmfluten.

**Adresse** Claus-Harms-Straße, 25774 Lunden | **Anfahrt** B 5 aus Richtung Heide, im Zentrum, Geschlechterfriedhof ausgeschildert | **Öffnungszeiten** Besuch der Gruft 9–17 Uhr möglich, Führung im Kirchenbüro buchbar, Tel. 04882/360 | **Tipp** Die St-Laurentius-Kirche ist auch von innen sehenswert, vor allem der 40-armige Kronleuchter von 1774 zeugt vom einstigen Reichtum der Bewohner des Ortes.

# 57__Der Lindenhof 1887

*Regionale Köstlichkeiten*

Dithmarschen ist nicht gerade das Mekka der Sterneküche, und auch Restaurants mit nationalem Ruf sind nicht an jeder Ecke zu finden. Doch in den letzten Jahren hat sich eine Menge getan. Der Trend zur gesunden, regionalen Küche spielt der Dithmarscher Gastronomieszene in die Karten, denn die Köche haben schon genau das immer geboten.

Rustikale Gaststätten mit guter deutscher Küche gibt es noch immer viele in Dithmarschen, doch der Lindenhof, erbaut 1887, damals noch Lindener Hof, bietet neben einer ausgezeichneten Küche auch noch ein modernes Ambiente und liegt damit voll im Trend.

Ein kleiner kulinarischer Kalender auf der Speisekarte informiert über die heimischen Produkte und führt durch die Jahreszeiten. Im Mai gibt es traditionell Maischolle, in der kalten Jahreszeit jede Menge Suppen und Eintöpfe, darunter natürlich die berühmten Dithmarscher Mehlbeutel, oder Wild aus hiesiger Jagd. Reservieren sollte man zu den Dithmarscher Kohltagen, das traditionelle Kohlbuffet ist Kult.

Das Restaurant hat zahlreiche Auszeichnungen erhalten und wird seit 1980 von der Familie Maaß geführt, seit 2013 steht der Koch Tjark-Peter Maaß am Herd. Er hat in vielen anspruchsvollen Häusern wie dem Adlon in Berlin oder dem Hotel Vier Jahreszeiten in Hamburg als Koch gearbeitet und genießt einen sehr guten Ruf. Geschickt spielt er mit den Zutaten der regionalen Küche und variiert sie mit modernen Küchentrends. Dabei fühlt er sich der Tradition des Hauses verpflichtet, denn der Lindenhof gehört mit seinen Säulen im Treppenhaus, den Linden im Vorgarten und den Rundbögen über den Fenstern zu den Aushängeschildern des Ortes. Schon vor 100 Jahren bot das landwirtschaftliche Gasthaus mit seinen Pferdestallboxen den Touristen und Besuchern eine Herberge. Auch heute ist der Lindenhof noch ein kleines Hotel, das von den Gästen regelmäßig mit Bestnoten ausgezeichnet wird.

**Adresse** Friedrichstraße 39, 25774 Lunden, www.lindenhof1887.de | **Anfahrt** zentral im Ort gelegen | **Öffnungszeiten** Mo, Mi 18–21 Uhr, Do–So 11.30–13.30 und 18–21 Uhr, Di Ruhetag | **Tipp** Gegenüber dem Lindenhof steht ein Kriegsmahnmal für die gefallenen Krieger in den Kämpfen gegen Frankreich 1870 und 1871.

# 58 Die Marschenbahn-Draisine

*Unter Segeln von Marne nach St. Michaelisdonn*

In Schleswig-Holstein gibt es viele Orte, an denen man mit der Draisine fahren kann, aber auf der alten Marschbahn-Strecke ist es etwas Besonderes, denn hier hat man sich den stetig anwesenden Wind zum Freund gemacht. Die Pedal-Draisinen sind mit Steck-Segeln ausgestattet worden. Wenn also Wind weht (und er wird wehen), dann können die Segel in den Boden gesteckt werden, um die Draisine anzutreiben. Ein echtes Erlebnis, denn die Strecke ähnelt einem Wanderweg und ist gesäumt von Blumen und Gräsern. Durch die lautlose Fortbewegung werden auch die Tiere nicht aufgeschreckt und können aus nächster Nähe beobachtet werden. Man ist eins mit der Natur und kann sicher sein, mit Pedalen oder der Segel-Draisine die neun Kilometer vollkommen $CO_2$-neutral zu bewältigen.

Sowohl an der Station in Marne als auch in St. Michaelisdonn wurde jeweils ein alter Zugwaggon zum Museum umgebaut. Bahnliebhaber finden hier die Geschichte der Marschbahn dargestellt, und aufgrund der vielen Bilder, Illustrationen und Texte wird die damalige Zeit sehr anschaulich erklärt. Übrigens wurde die Draisine 1817 von Karl Wilhelm Friedrich Ludwig Freiherr Drais von Sauerbroon erfunden.

Bei der Eröffnung 1884 hatte die Bahnstrecke noch einen wirtschaftlichen Sinn. Damals fuhren überwiegend Güterzüge mit Zuckerrüben zur Zuckerfabrik. Der Personenverkehr folgte später, wurde aber in den 60er Jahren wieder eingestellt, später auch der Güterverkehr. Die Natur holte sich in den folgenden Jahren die Schienenanlagen zurück, doch zum Frühjahr 2004 wurde die Strecke wieder instand gesetzt und eroberte die Herzen der Einheimischen und Touristen im Sturm.

Die Draisine bietet Platz für zwei Erwachsene mit bis zu drei Kindern, je nach Alter. Auch für Kinderwagen, Buggys oder Rollstühle ist genug Platz.

**Adresse** Bahnhofstraße 41, 25709 Marne; oder Marschenbahn-Draisine GbR, Bahnhofstraße 26, 25693 St.Michaelisdonn, Tel. 04853/807305 oder 04851/957686, www.marschenbahn-draisine.de | **Anfahrt** in Marne von der B5 in die Bäckerstraße, weiter in die Bahnhofstraße | **Öffnungszeiten** in den Sommermonaten täglich 10.30–16.30 Uhr | **Tipp** In derselben Straße gibt es ein Hotel und Restaurant mit dem passenden Namen »Hotel am alten Bahnhof«.

# 59 Der Müllenhoffbrunnen

*Dem Sohn der Stadt*

In die Liste der Denkmäler hat es der Müllenhoffbrunnen nie geschafft, obwohl er schon seit 1934 zu den wichtigsten Orten in Marne gehört. Gewidmet wurde er einst einem der größten Söhne der Stadt, Karl Viktor Müllenhoff (1818–1884). Dieser war Philologe und Märchensammler, mit einem Professoren-Titel für deutsche Literatur und Altertumskunde. Nach dem Studium in Kiel, Leipzig und Berlin sammelte und edierte er Märchen, Sagen und Lieder. Als Professor trat er später sogar die Nachfolge Jacob Grimms an der Preußischen Akademie der Wissenschaft in Berlin an.

Der dargestellte Wunderbaum ist mit den Wappen der 48 Geschlechter verziert, die damals in Dithmarschen residierten. In den Ästen der stilisierten Linde thront eine Elster auf ihrem Nest. Zur Eröffnung sollen die Menschen um den Brunnen herumgetanzt haben, denn er symbolisiert mit seinen Figuren die Freiheit der Republik, die den Dithmarschern schon immer über alles ging.

Geschaffen wurde der Müllenhoffbrunnen von der Kieler Bildhauerin Gertrud Wiebke Schröder, die mit der Platzierung und Ausstattung des Werks ihr Leben lang unzufrieden gewesen sein soll. Die Metallteile hätten aus Kupfer sein sollen, man hätte ihn patinieren sollen, um ihn vor dem norddeutschen Wetter zu schützen, und es hätte eine Sitzmauer um den Brunnen gebaut werden sollen. Die gibt es nun – seit 2019.

Im Zuge der Stadtsanierung wurde der Brunnen komplett abgebaut und nach den Originalplänen der Bildhauerin neu gestaltet. Auch die Figuren in ihren Dithmarscher Trachten glänzen jetzt wieder in der Sonne. In den vergangenen Jahren waren sie immer wieder beschädigt oder gestohlen worden.

Der Brunnen wurde mit einem geschlossenen Wasserkreislauf ausgestattet. Also lieber nicht trinken! In die Liste der Denkmäler wird er es trotzdem nicht schaffen, der Künstlerin wurde eine Nähe zum Nationalsozialismus nachgesagt.

**Adresse** Süderstraße 40, 25709 Marne | **Anfahrt** Ecke Bahnhofstraße/Süderstraße im Zentrum, Parkplätze beim Supermarkt | **Tipp** Im Zuge der vielen Gebäudesanierungen im Herzen von Marne ist der Platz aus einem langen Dornröschenschlaf erwacht. Heute geht man wieder gern hierher und holt sich beim Bäcker direkt am Brunnen ein Stück Kuchen.

# 60 Die Privatbrauerei

*Das kühle Blonde aus dem hohen Norden*

Als in den 70er Jahren das Dithmarscher Beugelbuddelbeer vom Markt verschwand, weil es scheinbar nicht mehr in die Zeit passte, war der Aufschrei in der traditionell veranlagten Dithmarscher Gesellschaft groß. Der praktische Verschluss war so beliebt und gehörte so sehr zum heimischen Bier, dass es Proteste gab und der Umsatz der Brauerei zurückging. 1983 sah man den Fehler ein und schenkte sein Bier wieder in der Beugebuddel aus.

Die einzige unabhängige und letzte Privatbrauerei lebt von ihrer langen Tradition. Schon 1775 soll es in Marne eine erste bäuerliche Braustätte gegeben haben, die 1883 durch Christian Hintz, der hier mindestens genauso bekannt ist wie der Schimmelreiter in Nordfriesland, zur Dithmarscher Brauerei wurde. Über fünf Generationen und gut 135 Jahre lang hat die Brauerei sich gegen alle Fusionsversuche der Großen gewehrt, ist schon einmal an der Pleite vorbeigeschrammt und hat am Ende doch überlebt.

Heute werden in dem Familienbetrieb pro Jahr von 60 Mitarbeitern rund 160.000 Hektoliter Bier gebraut. Stolz sind die Brauer vor allem auf einige der zahlreichen Preise wie die »Bestnote Gold« von der Deutschen Landwirtschaftsgesellschaft für das »Dithmarscher Pilsener« und das »Dithmarscher Dunkel«, die der unabhängigen Brauerei verliehen wurden. Außerdem ist das kühle Blonde von der Westküste auch außerhalb des kleinen Landstrichs bekannt. So ist es schon im italienischen Udine und sogar im Indischen Ozean auf einer Trauminsel entdeckt worden. Ob von Dithmarschern, die nicht gerade als reisefreudig gelten und sich im Ausland über ein Stück Heimat gefreut haben, oder von anderen Biertrinkern, ist nicht überliefert.

In den letzten Jahren hat das Traditionsunternehmen sein Sortiment vorsichtig erweitert und dem Markt angepasst. Inzwischen werden auch Craft-Biere, Dunkelbier und Bockbiere angeboten. Für die Fahrer gibt es sogar eine alkoholfreie Variante.

**Adresse** Österstraße 18, 25709 Marne, www.dithmarscher.de | **Anfahrt** in Marne von der B 5 in die Norderstraße / Ecke Feldstraße abbiegen | **Öffnungszeiten** jeden Sa 10–14 Uhr Brauereiführung und im Karlskeller Verkostungsevent mit Livemusik, Essen und einem breiten Bier-Angebot | **Tipp** An das Heimatmuseum ist der Entenpark angeschlossen, ein Ort der Ruhe nach dem Bier.

# 61 Das Skatmuseum

*Zocken hinterm Deich*

»Hattu Dame? – Muttu drücken«, »Bittu 70? – Muttu passen!«, diese und andere Weisheiten stehen auf den ausgestellten Spielkarten im Skatclubmuseum. Über diese Sprüche hat man schon 1873, im Gründungsjahr des Skatclubs, gelacht. Jeden Freitag war Skatabend in Marne, da traf sich die Oberschicht zum Zocken hinterm Deich.

Damals war Skat noch ein Spiel für die Bessersituierten, ein Spiel zur Entspannung nach einer harten Arbeitswoche, dem sich vor allem wohlhabende Kaufleute, ansässige Bierbrauer oder die kaiserlichen Beamten hingaben. Damit das Ambiente stimmte, dekorierten die Skatbrüder ihr Hinterzimmer nach ihren eigenen Vorstellungen. Jeder Spieler sollte sich hier an die Ursprünge des Skatspielens erinnert fühlen. Die Historie war dem Marner Skatclub immer wichtig. 1905 bekam der Club sogar ein eigenes Vereinsgebäude, in dem die 80 Mitglieder bei Pfeifenrauch und Bier ihr Spiel perfektionierten. 1928 entstand daraus, nach Übernahme durch die Stadt, das heutige Skatclubmuseum. Liebevoll und skurril eingerichtet.

Die damaligen Mitglieder waren ausgesprochen reiselustig, und somit werden in dem Skatraum eine Sammlung von außergewöhnlichen Mitbringseln aus aller Welt und diverse Kriegserinnerungen gezeigt. Da gibt es ein Kanonenrohr eines gesunkenen Kanonenboots, einen Einbaum, eine Elefantenhaut aus den afrikanischen Kolonien oder ein chinesisches Richtschwert vom Boxaufstand 1900. Viel Zeit werden die Herren damit verbracht haben, Abenteuergeschichten auszutauschen.

Auch heute wird noch Skat in der Museumsstraße gespielt. Inzwischen immer dienstags. Dann spielt der Club »Karo 7 – die Jugend« oder die »Karo 7 Skatschule«. Der Verein ist alles andere als eine geschlossene Gesellschaft. Gäste sind immer herzlich willkommen und können mitspielen. Es ist ein Riesenspaß, einmal in diesem legendären Zockerhaus an der Westküste zu spielen.

Adresse Heimatmuseum Marner Skatclub von 1873, Museumstraße 2, 25709 Marne | Anfahrt B 5 durch Marne, Museumsstraße im Zentrum | Öffnungszeiten Di – Fr 14.30 – 18 Uhr, So 14.30 – 18 Uhr oder nach Vereinbarung unter Tel. 04851/3518 | Tipp »Muin leuwe Lüüd, de Faschingstied steiht vör de Döör!« An jedem Rosenmontag um 14 Uhr beginnt in Marne die Rathauserstürmung, und anschließend (circa 14.30 Uhr) findet der große Umzug durch die Innenstadt statt. Marne gilt als die Hochburg des norddeutschen Karnevals.

# 62 Der Stöfenpark

*Einmal im Jahr auch bei Jugendlichen beliebt*

Braucht eine kleine Stadt inmitten der Natur auch noch einen eigenen Park? Darf nicht auch einfach mal eine Stadt eine Stadt sein? Nein, haben sich die Stadtplaner von Marne in den 50er Jahren gedacht. Die Landschaft in Dithmarschen ist flach, langweilig und hat nur wenige bis gar keine Bäume. So entstand die Idee, einen kleinen Park anzulegen: den Stöfenpark.

Vieles ist den Planern gut gelungen, so findet man hier Bäume, die man sonst vergeblich in Dithmarschen sucht, die Flügelnuss oder den Trompetenbaum zum Beispiel. Ein Hauptweg und zwei kleinere Nebenwege führen durch das Gelände, vorbei an Liegewiesen und schattigen Plätzen. Hier und da steht eine Bank, aber das war's auch schon. Der Park kann mit den modernen Stadtparks anderer Orte nicht mithalten, es gibt kein Park-Café und nicht einmal eine ausgewiesene Sportstätte. Das hat inzwischen auch die Stadt erkannt. Man will den Park wiederbeleben.

Die erste Maßnahme ist eine laute: das Stöfenpark-Rock-Festival an jedem zweiten Juni-Wochenende im Jahr. Hier spielen von mittags bis ein Uhr nachts Newcomerbands oder lokale Helden. Musikalisch gibt es alles: Punk oder Rockmusik im Stil des Wacken-Open-Air, 2020 hat sich sogar ein Afrikanischer Gospel-Chor angekündigt. Zumindest einmal im Jahr tobt das Leben auf der Liegewiese, das ist schön, aber zu wenig für einen großen Park. Vor allem wenn es regnet, verwandelt die Anlage sich in eine Seenlandschaft, und die Fans stehen mit Gummistiefeln im Schlamm. Die Entwässerung des Parks ist das Hauptproblem.

Das soll mit dem neuen Sanierungsplan anders werden. Ein ausgetüfteltes Entwässerungssystem soll Abhilfe schaffen. Das gesamte Areal soll ein zeitgemäßes Naherholungsgebiet werden, mit einer Seenlandschaft und diversen Sportmöglichkeiten. Marne bringt seit Jahren seinen Ort auf Vordermann, wäre ja gelacht, wenn es nicht auch mit dem kleinen Park gelingen würde.

**Adresse** am ZOB, 25709 Marne, www.stöfenparkrock.de | **Anfahrt** ab Heide auf der B 5 nach Marne, bei der Sparkasse abbiegen, Parkplätze vorhanden, dahinter Eingang zum Park | **Tipp** Weitere Veranstaltungen bietet die Stadt im Kultur- und Bürgerhaus an, dort gibt es auch ausgewählte Kunstausstellungen.

# 63 Das Eiscafé Eisblume

*Eis im Gewächshaus*

Wo gibt es denn so etwas noch? Eine Kugel Eis für einen Euro? Und dabei ist es mehr als eine Kugel, denn das Eis wird gestrichen oder gespachtelt, so wie es die guten Eisläden in Italien seit Generationen vorleben. In der Eisblume ist die Tüte oder der Becher also immer randvoll. Der Vorteil: Die Portion kann aus bis zu drei verschiedenen Sorten bestehen, eine gute Idee, wenn man sich als Kunde nicht zwischen Sorten wie Hüftgold, Krümelmonster, Red Bull, Nordseewelle und Griesgram entscheiden kann. Die originellen Namen wechseln regelmäßig, bis zu 100 Sorten hat der Erfinder und Gründer der Eisblume Andreas Höhnke inzwischen kreiert und hergestellt.

Manchmal überschlagen sich seine Ideen, sonntags bietet er oft bis zu 24 verschiedene Sorten an. Der Renner ist schon wegen des Namens die Marndieker Creme, eine Mischung aus Windbeutel, Schoko und Krokant.

Es empfiehlt sich, gerade an heißen Sommertagen nicht zu spät zu kommen, denn das hausgemachte Eis wird nur einmal am Tag, am frühen Morgen, hergestellt, und was ausverkauft ist, ist ausverkauft. Dithmarschens bester Eisladen ist beliebt, und zum Nachproduzieren fehlt im Tagesgeschäft die Zeit. Hinzu kommen die vielen Bestellungen aus der Umgebung, gerade auch zur Weihnachtszeit, wenn neben den Eistorten die Eiscreme literweise aus dem Laden getragen wird. »Wenn man keine A-Lage hat, dann müssen die Qualität und der Preis stimmen«, sagt Andreas Höhnke.

Die Eisblume ist klein, so klein, dass für Tische und Stühle kein Platz ist. Praktisch, dass Andreas' Bruder direkt nebenan in dritter Generation die Gärtnerei Sjut leitet. Für die Gäste sind rund um das Gelände gemütliche Bänke an Büschen und Blumen aufgebaut, und eine ganze Reihe von Tischen und Stühlen steht sogar im Gewächshaus. So erklärt sich auch der Name »Eisblume« in der wohl ungewöhnlichsten Eis-Location Deutschlands.

Adresse Nordseestraße 25, 25709 Marnerdeich | Anfahrt Eiscafé direkt an der Nordseestraße Richtung Nordsee, Gewächshaus nicht zu übersehen | Öffnungszeiten in den Sommermonaten 12–18 Uhr | Tipp In Marne steht die relativ neue Maria-Magdalenen-Kirche aus dem Jahr 1906. Die Bronzetaufe mit lateinischer Spiegelschrift stammt aus dem 13. Jahrhundert, Kanzel und Teile des Orgelprospekts im Renaissancestil aus dem Jahr 1603.

# 64 Die Handweberei

*Unikate von Hand gewoben*

Dithmarschen gehört zu den wenigen Regionen in Deutschland, in denen das Handwerk noch geehrt wird und alles dafür getan wird, es zu erhalten. In dem ehemaligen Bauernstaat haben die überlebt, die mit ihren Händen etwas erschaffen konnten, daran wird hier gern erinnert. Nicht selten sind Handwerksbetriebe hier seit über 150 Jahren im Einsatz. Schon damals gab es arme Bauern und Bäuerinnen, die sich nach getaner Arbeit auf dem Feld oder im Stall Geld dazuverdienen mussten. Die Webkunst galt als eine *der* bäuerlichen Volkskunstarten in Schleswig-Holstein und reicht bis ins 14. Jahrhundert zurück.

Die letzte Weberei steht im historischen Gebäudekomplex des Alten Pastorats in Meldorf. Untergebracht ist sie in einem der ältesten erhaltenen Wohngebäude der Stadt aus dem Jahr 1350, das mit seiner Grundfassade erhalten wurde. Wer das Haus betritt, begibt sich auf eine Zeitreise. Bis heute werden hier hochwertige Woll- und Baumwollgarne mit der sogenannten Beiderwand-Technik miteinander verwoben. Diese Art der Muster-Webkunst wird in Meldorf von einem Jacquard-Webstuhl erledigt, der 1805 von einem Franzosen erfunden wurde und entscheidend zur industriellen Revolution beitrug. Die Technik ist vergleichbar mit einem Algorithmus, denn die Muster werden mit Hilfe von Lochkarten in den Stoff gewebt. Die Lochkarten entscheiden, ob die Kettfäden nach oben gezogen werden, bevor die sogenannten Schiffchen mit Schwung durch die Fäden geschossen werden. So entsteht das Muster.

Die Arbeiten an den historischen Webstühlen werden von den Mitarbeitern der Stiftung Mensch durchgeführt, die Menschen mit einer Behinderung in das Berufsleben integrieren möchte. Gern lassen sich die Mitarbeiter an den Webstühlen über die Schulter gucken und geben Auskunft über ihre Arbeit. Der älteste Webstuhl von 1855 ist bis heute im Einsatz, schon um den zu sehen, lohnt sich ein Besuch.

Adresse Papenstraße 2, 25704 Meldorf | Anfahrt vom Marktplatz in Papenstraße, ausgeschildert | Öffnungszeiten Mo–Do 8–15.30 Uhr, Fr 8–18 Uhr, Sa 10–13 Uhr; Besichtigung während der Öffnungszeiten jederzeit möglich oder aber nach Vereinbarung unter Tel. 04832/999660 | Tipp Gleich nebenan im Alten Pastorat befindet sich auch die Töpferei. Im angeschlossenen Laden können alle produzierten Waren begutachtet und gekauft werden.

# 65 Das Landesmuseum

*Das Gedächtnis der Region*

Die Ausstellung beginnt am Parkplatz. Die mächtige Ölpumpe erinnert an die kurze Blütezeit der Ölförderung im Land. Die »Pferdekopfpumpe« war 50 Jahre lang in der Nähe von Meldorf in Betrieb und steht seit den frühen 90er Jahren vor dem Museum. Man kann dieses Industriedenkmal als Sinnbild verstehen. Die in über 140 Jahren zusammengetragenen Ausstellungsstücke zeigen, was industrielle und private Haushalte dem Museum beisteuerten. Statt Relikte einer vergangenen Zeit einfach zu entsorgen, gibt man ihnen hier einen Platz. Das war 1872 auch der Grundgedanke eines Lehrers der »Gelehrtenschule« in Meldorf, der mit seiner Frage, ob es nicht wünschenswert wäre, eine Sammlung »speciell dithmarsischer Alterthumsgegenstände« auszustellen, die Idee in Schwung brachte. Die traditionsbewussten Dithmarscher waren begeistert. 1896 zog die Sammlung von der Schule in ein eigenes Haus. Heute ist sie auf vier Gebäude verteilt und in ihrer Bedeutung nicht zu unterschätzen.

Die Geschichte Dithmarschens im Mittelalter mit der mit Zinnsoldaten plastisch nachgebauten Schlacht bei Hemmingstedt, Utensilien von Carsten Niebuhr wie die alte Reiseuhr oder die komplett eingerichteten Arzt-, Zahnarzt- oder OP-Zimmer bekommen hier genug Raum, ihre Geschichten zu erzählen.

Besonders originell sind die betretbaren Räume wie das alte Kino aus der Stadt, das hier komplett wiederaufgebaut wurde, ein alter Krämer- oder Zigarettenladen oder eine echte Dithmarscher Kneipe. Der Rundgang ist auch für Kinder spannend, für die es immer besondere Angebote gibt. So fand vor ein paar Jahren eine Spielzeugausstellung statt. Die ersten Barbiepuppen stehen noch heute schön drapiert in einem Glaskasten.

Die vielen Sonderausstellungen und die kulturellen Veranstaltungen wie Konzerte oder Lesungen sowie aktuell die beliebte Poetry-Slam-Reihe machen das Museum zum wichtigsten Ort der Kulturstadt Meldorf.

Adresse Bütjestraße 2–4, 25704 Meldorf, www.landesmuseum-dithmarschen.de | Anfahrt direkt am Kreisel hinter der Eisenbahnbrücke, Ölpumpe davor nicht zu übersehen | Öffnungszeiten Fr 11–16.30 Uhr, So 11–16 Uhr, Di–Do 11–16 Uhr; Eintritt: Erwachsene 5 Euro, Kinder 3 Euro, unter 6 Jahren frei | Tipp In der Spreetstraße 5 in der Fußgängerzone befindet sich der Juwelier Voß mit einem kleinen Uhren-Museum mit alten Taschenuhren und sogar einer alten Kirchenuhr im Obergeschoss.

# 66 Das Löffelarium

*Die einzige Löffelausstellung der Welt*

»Lirum, larum Löffelstiel«, sagte sich der Gold- und Silberschmied Peter Möller und eröffnete unter seiner Domgoldschmiede das erste und einzige Löffelmuseum der Welt: das Löffelarium. Endlich hatte er einen Platz für seine Sammlung gefunden, die seit drei Generationen in der Familie zusammengetragen worden war. Einen zusätzlichen Schub erfuhr die Sammlung, als ein Zeitungsreporter begann, sich für die ungewöhnliche Sammelleidenschaft Peter Möllers zu interessieren, und einen Bericht über ihn veröffentlichte. Die Reaktion war enorm, die Menschen brachten jede Menge seltener Löffel ins Löffelarium.

Seitdem sind die Wände in dem Untergewölbe der Domgoldschmiede komplett mit selbst entworfenen Vitrinen geschmückt. Ausgestellt werden sowohl klassische und prunkvolle als auch sehr einfache und praktische Löffel in allen Größen und Formen. Die meisten Exemplare stammen aus dem 19. Jahrhundert. Die Ausstellung bietet den Besuchern einen faszinierenden Einblick in die Welt der Schmiedekunst. Ornamente, Muster, liebevolle Details auf den Löffelstielen und dazu unterhaltsam gestaltete Tafeln machen den Besuch sehr kurzweilig. »Mit der Gabel ist's 'ne Ehr, mit dem Löffel kriegt man mehr!«

Die außergewöhnlichsten Löffel-Exponate hängen in einer Vertiefung hinter einem Eisenrahmen und erinnern an ein Kunst-Mobile. Ein besonderer Ort, denn hier lagerte der berühmte Arabienforscher Carsten Niebuhr schon seine Wertgegenstände. Die Vertiefung in der Wand ist sein alter Tresor, den die Familie Möller in den 60er Jahren entdeckte, als sie das ehemalige Wohnhaus des Forschers zur Goldschmiede umbaute. Eine Tafel an der Außenwand weist auf das historische Gebäude hin. Im Keller gibt es außerdem eine Mineralogie-Ausstellung mit Stücken, die bereits Peter Möllers Vater zusammengetragen hat. Hier werden die Steine gezeigt, die oben in Ringen und Ketten verarbeitet werden.

Adresse Nordermarkt 9, 25704 Meldorf, www.domgoldschmiede.de | Anfahrt Domgoldschmiede gegenüber dem Dom am großen Marktplatz, Museum unter dem Geschäft | Öffnungszeiten Mo–Fr 9–12 und 14–18 Uhr, Sa 9–12 Uhr; Eintritt frei | Tipp Mehr über Carsten Niebuhr gibt es im Dithmarscher Landesmuseum (siehe Ort 65) zu erfahren. Der dänische Forscher mit Wohnsitz in Meldorf hatte bereits drei Jahrzehnte vor der großen Amerikareise von Alexander von Humboldt die arabische Welt bereist und fertigte eine erste verlässliche Kartenskizze des Roten Meeres an, außerdem kartografierte er den Jemen.

# 67 Der Meldorfer Dom

*Die St.-Johannes-Kirche*

Stolz thront das schönste Bauwerk Dithmarschens seit 1250 auf dem Marktplatz in Meldorf. Vor 800 Jahren stand die Kirche noch an der Nordsee und diente den Seefahrern als Orientierung, doch heute liegt sie wie die ganze Stadt aufgrund der Landgewinnung rund sechs Kilometer weit vom Meer entfernt. Nicht geändert hat sich das Stadtbild. Noch immer dient die Kirche als Orientierungspunkt, um zum Beispiel den Marktplatz zu finden, auf dem jeden Freitag einer der schönsten Wochenmärkte Dithmarschens stattfindet.

Die Kirche nennen die Einheimischen aufgrund ihrer Größe stolz »Meldorfer Dom«, doch genau genommen ist und bleibt sie eine Kirche. Meldorf war nie ein Bischofssitz und hat folglich auch keinen Dom. Den Dithmarschern ist das egal, denn obwohl das Gotteshaus 1866 Opfer eines Brandes und vieles in der Kirche zerstört wurde, ist sie reich an sehenswerten Objekten. Vor dem Feuer soll der Turm niedriger gewesen sein, das ganze Gebäude soll gedrungener gewirkt haben. Vieles im Inneren konnte gerettet werden, so der mittlere Teil des Altars aus dem Jahr 1520 oder der bronzene, wie eine Glocke gegossene Taufkessel mit drei Trägerfiguren aus dem 13. Jahrhundert.

Die riesige Orgel aus dem Jahr 1977 ist dagegen sehr modern. Sie gehört zu den großen Orgeln Schleswig-Holsteins und hat einen imposanten Klang. Doch im »Meldorfer Dom« gibt es nicht nur Orgelkonzerte, sondern es wird ein umfangreiches Programm geboten: Chorgesänge, Gastauftritte großer Sänger und Weihnachtskonzerte sorgen regelmäßig für ein volles Haus. Jeden Freitag zur Marktzeit findet im Dom eine 15-minütige Marktandacht statt. Hinterher gibt es noch eine Tasse Tee für die Besucher.

Meldorf ist zur Kulturhauptstadt Dithmarschens geworden, und diesen Ruf hat sich die gut 7.000 Einwohner kleine Stadt durch die Veranstaltungen von Lesungen, Theaterauftritten und kreativen Workshops erarbeitet.

**Adresse** Nordermarkt 1, 25704 Meldorf, www.kirche-meldorf.de | **Anfahrt** von Heide oder Marne aus kommend über die B 5 nach Meldorf, am Kreisel erste Ausfahrt Richtung Marktplatz; oder über die A 23, Ausfahrt Albersdorf/Meldorf und dann der B 431 Richtung Meldorf folgen, gebührenpflichtige Parkplätze am Marktplatz | **Öffnungszeiten** Mo–Fr 10–12 und 14–16.30 Uhr, Sa 10–12 Uhr, So 14–17 Uhr, Sonntagsgottesdienst 10 Uhr | **Tipp** 200 Meter entfernt vom Marktplatz befindet sich eine der schönsten Kneipen in Dithmarschen, das Bornholdt. Dort werden jede Menge Veranstaltungen geboten: Konzerte, Spieleabende und ein Pub-Quiz.

# 68 Old School Barbier

*Bier oder Whiskey zum Haarschnitt?*

Mal unter uns Männern: Fühlt ihr euch in einem klassischen Friseursalon wohl? Eben, und genau das hat sich der gelernte Friseur Bernd auch gedacht und einen Salon für Männer eröffnet. Obwohl inzwischen 65 Prozent der Kunden Frauen sind, weil die natürlich genauso zuvorkommend und kompetent behandelt werden, ist der Old School Barbier ein Friseur, der eher an einen englischen Pub erinnert und dadurch viele Männer anspricht.

Bernd, der unsiezbar ist und den daher jeder beim Vornamen nennt, ist großer Whiskey-Liebhaber und hat viel Urlaubszeit in Schottland verbracht. Inspiriert von den Pubs und Friseurgeschäften, in denen es auch immer etwas »Feines« zu trinken gibt, hat er seit 2016 in Meldorf seinen eigenen Laden eröffnet. Der Name »Old Barbier« setzt sich aus Bar und Bier zusammen, und das passt, denn neben einem vollen Kühlschrank mit Bier bietet er 18 ausgesuchte Whiskey-Sorten an, die Kunden nach einer Gratis-Verkostung auch kaufen können. In gemütlicher Stimmung sitzt man mit alter oder neuer Frisur am rustikalen Holztresen und fachsimpelt lieber über Whiskey und Musik als über neue Pflegeprodukte oder Klatschzeitschriften.

Old School Barbier legt auf Nachhaltigkeit und Stil wert. Nichts außer den technischen Geräten in dem Friseurgeschäft ist neu. Jeder Frisierstuhl, jedes Wachbecken und vor allem das urgemütliche Holz-Interieur ist gebraucht und war schon mal irgendwo verbaut.

Bernd liebt das Alte, das Ehrliche und Bodenständige. So ist es auch mit seiner großen Musikleidenschaft. Hier läuft kein Dudelradio im Laden, hier werden Vinylschallplatten aufgelegt. Gern die Rock- und Popmusik der 80er Jahre. Wer sich von seiner Leidenschaft anstecken lässt, kann sich von ihm ein paar hundert Meter weiter in seinen Secondhand-Schallplattenladen führen lassen. Hier warten rund 10.000 Vinylschätze darauf, zu fairen Preisen gehoben zu werden.

**Adresse** Zingelstraße 22, 25704 Meldorf, www.families-cut.de/old-school-barbier | **Anfahrt** Fußgängerzone Meldorf, in Dithmarschen »Gehstraße« genannt | **Öffnungszeiten** Mo–Fr 9–21 Uhr; Männerfrisur 14 Euro, Damenfrisur 17 Euro | **Tipp** In derselben Straße Richtung Markt befindet sich das Eiscafé Mauro. Hier gibt es selbst gemachtes Eis, und auch drinnen im Café ist es richtig gemütlich.

# 69 Die Strandkorbmanufaktur

*Elegant dem Wetter trotzen*

Wilhelm Bartelmann war ein Korbmacher aus Rostock und entwarf für seine an Rheuma erkrankte Frau einen Sitz, der sie vor dem rauen Meeresklima schützen sollte. Dass der erste Strandkorb eine Welle der Begeisterung auslösen würde, konnte er im Jahr 1882 noch nicht ahnen. Heutzutage ist das meist in Weißblau gehaltene Häuschen von den Küsten nicht mehr wegzudenken. Auf einem Quadratmeter findet eine ganze Familie Platz. Hier wird gekuschelt, gegessen, Wind und Regen getrotzt und eine Sandburg zur Erweiterung des Grundstücks errichtet. Am Abend wird der Korb meist abgeschlossen, damit ihn kein Fremder nutzen kann, denn er ist ja während der Urlaubswochen ein fester Bestandteil der Familie.

Der Nordsee-Strandkorb hat übrigens im Vergleich zum Ostsee-Strandkorb eine geradere Haube und rechtwinklige Seitenteile, die auf das etwas rauere Nordseeklima abgestimmt sind.

Wer sich einen Strandkorb ansehen möchte, kann dies überall an der Küste Dithmarschens tun, aber wer wissen möchte, wie Strandkörbe gebaut werden, der sollte nach Meldorf fahren. In der Werkstatt der Stiftung Mensch werden Modelle in liebevoller Handarbeit mit so klingenden Namen wie Nolde, Storm oder Fontane hergestellt. Kurz hinter dem Eingangsbereich ist ein kleiner Musterraum, dahinter wird gewerkelt.

Die Stiftung Mensch setzt sich für die Inklusion von Menschen mit Behinderung ein und bietet ihnen vielfältige Möglichkeiten in den Bereichen Arbeit, Wohnen und Fördern. Die Strandkörbe der Werkstatt sind an der ganzen Westküste sehr beliebt und von guter Qualität. Sie bestehen aus unterschiedlichem Flechtmaterial, aus robusten, ausschließlich heimischen Hölzern und können in Muster und Farbe frei kombiniert werden. Und wer sich ein Stück Dithmarschen mit in seinen Garten oder auf seine Terrasse nehmen will, kann sich hier für rund 1.000 Euro einen echten Nordsee-Strandkorb kaufen.

**Adresse** Marschstraße 94, 25704 Meldorf, www.stiftung-mensch.com | **Anfahrt** von der B 431 in den Grenzweg im Industriegebiet abbiegen, dann in die Marschstraße | **Öffnungszeiten** Mo–Do 7–15.30 Uhr, Fr 7–12.30 Uhr | **Tipp** An der Hauptstraße zwischen Nindorf und Meldorf liegt das Restaurant »Lust auf Meer«. Neben sehr guten Fischgerichten bietet der Koch auch lehrreiche Kochkurse an (www.lustaufmeer-restaurant.de).

# 70 Die Wasserpumpe

*Einst Treffpunkt der Nachtwächter*

Wenn freitags rund um den Meldorfer Dom Markttag ist, die Sonne scheint und Mütter mit ihren Kindern an den Ständen vorbeischlendern und sich über die Neuigkeiten der Stadt austauschen, dann sind diese beiden kleinen Pumpen regelmäßig von Kindern umlagert. Abwechselnd versuchen sie, so viel Wasser wie möglich in den schweren Steintrog zu pumpen, Luftballons mit Wasser zu befüllen oder sich gegenseitig nass zu spritzen.

Noch vor 100 Jahren, als Wochenmärkte auch noch Viehmärkte waren, wurden an den steinernen Trögen Kühe und Schweine getränkt, und in den Abendstunden wurde darin die Wäsche gewaschen.

Die Pumpen auf dem Domplatz gehörten viele Jahre lang zu den wichtigsten Wasserspendern der Meldorfer. Sie stammen aus einer Zeit, in der es noch nicht überall fließend Wasser gab. Mit Eimern und Schüsseln kamen im vorletzten Jahrhundert noch die Familien aus ihren Häusern, um sich einen begrenzten Wasservorrat zuzulegen. Außerdem galten die Pumpen als Treffpunkt der Nachtwächter. Damals gab es noch keine Polizei, und die Nachtwächter tauschten ihre Informationen und Beobachtungen an zentralen Sammelstellen wie diesen aus.

Die Meldorfer lieben ihre Pumpen, umso schlimmer war es, als sie kaputt waren und ein paar Jahre lang kein Wasser in die Steinbecken transportiert werden konnte. Regelmäßig gab es Aufforderungen, sie zu reparieren, sie waren ein Dauerthema in den regionalen Zeitungen. Doch die Reparatur zog sich über Jahre hin, weil die Kassen der Stadt leer waren und sich lange keine Sponsoren fanden. Erst 2016 wurden die Pumpen runderneuert, bekamen einen neuen Granitsockel für die Halterung und neue Wasserzuläufe. Seitdem wird wieder gepumpt wie eh und je. Wie sehr die Meldorfer ihre Pumpen lieben, konnte man auch an dem bestrickten bunten Mantel sehen, der dem Rohr von der Aktion »Wir bestricken Meldorf« verpasst wurde.

**Adresse** Südermarkt 7, 25704 Meldorf | **Anfahrt** von Heide oder Marne über die B 5 nach Meldorf, am Kreisel erste Ausfahrt Richtung Marktplatz; oder über die A 23 Ausfahrt Albersdorf/Meldorf und dann der B 431 Richtung Meldorf folgen, gebührenpflichtige Parkplätze am Marktplatz | **Tipp** Schräg gegenüber der Pumpe liegt der Gasthof »Zur Linde«. Ein über Generationen geführtes Familienhotel mit ausgesuchter Mittagskarte.

# 71 Die tiefste Stelle

*3,50 Meter unter dem Meeresspiegel*

Statistisch gesehen besuchen ungefähr zehn Menschen am Tag die tiefste Stelle Deutschlands. Ohne die zahlreichen Heavy-Metal-Fans, die jedes Jahr im August Schleswig-Holstein zum lautesten Bundesland machen, wären es sicher viel weniger, aber Metal und der tiefste Punkt, das passt irgendwie zusammen. Viele Fans haben sich in dem in einem kleinen Häuschen ausliegenden schwarzen Gästebuch verewigt. »Wacken ist das Höchste, hier ist das Tiefste«, schreiben sie, oder »Ein Hoch dem Tiefpunkt« oder »Heute bin ich tief gefallen, der Hölle so nah«.

Tatsächlich wäre dieser Teil der Wilstermarsch die Hölle, denn ohne die Deiche wäre Neuendorf-Sachsenbande bei Sturmfluten bis zu acht Meter überschwemmt. In der Vergangenheit ist das oft passiert, wodurch nahezu das ganze Dorf entvölkert wurde.

Heute weist man auf die tiefste Stelle Deutschlands sogar mit einem Schild auf der Autobahn hin. Den Titel »Tiefste Stelle Deutschlands« hat sich der Ort Neuendorf-Sachsenbande hart erkämpft. Bis 1986 hatte der Ort Frepsum in Ostfriesland mit 2,30 Meter unter Normalnull diese Auszeichnung getragen, bis eine ehemalige Redakteurin der Wochenzeitung »Die Zeit« es genau wissen wollte und feststellte, dass ihr Heimatort mit genau 3,539 Metern deutlich tiefer liegt. Inzwischen hat die Guinnessbuch-der-Rekorde-Redaktion das bestätigt, und so wurden neben einem Autobahnschild auch eine Infotafel, eine kleine Bank mit einem Tisch für ein Picknick sowie ein acht Meter hoher Pfahl, der die Höhe der Deiche anzeigen soll, aufgestellt.

Vor Kurzem kam noch eine kleine Wetterstation dazu, errichtet von »Kachelmannwetter«. Die Station macht allerdings keine Wettervorhersagen, sondern erfasst nur den Istzustand. Man kann die Werte der Station per App direkt auf sein Handy laden. Das ist praktisch, wenn man über die Grenzen Dithmarschens hinaus an den tiefsten Ort Deutschlands reisen möchte.

Adresse Burger Straße 13, 25554 Neuendorf-Sachsenbande | Anfahrt Autobahnschild auf der A23, Pfahl an der Landstraße 135 bei Kilometer 6,4 | Tipp Neben der Gaststätte »Zum Dückerstieg« wurde in zwei kleinen Häuschen eine Schmiede eingerichtet, außerdem wurden Geräte einer Stellmacherei aufgebaut (Dückerstieg 7).

# 72 Der Yachthafen

*Ein Hafen von einst*

»Ganz schön ruhig hier«, sagt selbst der an Ruhe gewöhnte Dithmarscher, wenn er auf dem großen Parkplatz am Hafen aussteigt. Eigentlich liegt dieser perfekt, geschützt, und nicht zu weit von der See entfernt, eingebettet in die typische Koog-Landschaft, wie sie an der ganzen Westküste zu finden ist.

Als das Land eingedeicht wurde, um fruchtbaren Ackerboden zu gewinnen, entstand unter anderem 1970 auch die Gemeinde Neufeld mit ihrem kleinen, aber in der Region wichtigen Hafen. Heute ist er ein Beispiel für das Schicksal vieler kleiner Häfen an der Nordsee. Damals waren die Anlegestellen gut besucht, bis die Hochbrücke in Hochdonn und die Eisenbahn die Region erschlossen. Das Hafenbecken verschlickte und wurde als öffentlicher Hafen 1970 endgültig geschlossen. Aber die Rechnung wurde ohne die Dithmarscher gemacht. Die Neufelder wehrten sich gegen die Schließung, es gab Proteste. Allen voran ging der damalige Rektor der Neufelder Schule, gemeinsam mit seinen Wassersport-begeisterten Freunden. Sie gründeten einen eigenen Club, und so wurde der Hafen künftig von ihnen selbst betrieben. Der Sportbootclub Neufeld e. V. betreibt heute einen Sportboothafen mit circa 50 Liegeplätzen, allerdings nur für Schiffe mit wenig Tiefgang. Das Ausbaggern des Hafenbeckens würde das Budget bei Weitem übersteigen.

Immerhin behielten die Boote auf diese Weise ihr Zuhause, und es ist noch genug Platz für weitere kleine Sport- und Fischerboote, die auf der Durchreise sind.

Und die Infrastruktur spricht für sich. Es gibt direkt am Hafen mit dem Ünner'n Diek und dem An'n Hoven zwei Butzen, wie der Dithmarscher seine Kneipen und Imbisse liebevoll nennt, in denen heimisches Bier und typische Nordseeküche serviert werden. Allein für den Blick auf die Elbmündung lohnt sich ein Besuch. Wo sonst kann man schon riesige Pötte an sich vorbeiziehen sehen, während man den frischen Matjes isst?

**Adresse** Marina Neufeld, An't Fleet 29, 25724 Neufeld | **Anfahrt** von der B5 in die Katttrepel, dann in die Neufelder Straße, dann geradeaus in Op'n Diek, Straße bis zu den Restaurants fahren | **Tipp** Im Restaurant Op'n Diek, das so viel wie »auf dem Deich« heißt, sollte man unbedingt den Eiergrog bestellen, der ist weit über die Grenzen hinaus bekannt.

# 73 Die Schäferei Bährs

*Lämmer aus Dithmarschen*

Neufelderkoog ist einer der ursprünglichsten und typischsten Orte des Landkreises. Die unendliche Weite, die Deiche, die Windmühlen und die Nordsee sind zum Greifen nahe. Schafzucht hat es hier schon immer gegeben, denn die Metzger schwören auf den Fleischgeschmack der Freilandtiere. Ein Geschäft aber würde hier in der Einsamkeit niemand vermuten. Doch die Familie Bähr hat genau das gewagt. Seit 2014 gibt es den Hofladen »Schäferei und Ferkelhof Bährs« gut 200 Meter hinter dem Nordseedeich.

Die Familie betreibt die Schafzucht schon in der dritten Generation und hat sich der Regionalität und der Nachhaltigkeit verschrieben. Das geschmackvoll eingerichtete Geschäft ist ein wahres Kleinod und besteht aus zwei Ebenen. Im Erdgeschoss werden je nach Saison Wurstwaren, frisches oder tiefgekühltes Fleisch, selbst gemachte Suppen und andere regionale Produkte angeboten, zu denen es zusätzlich immer noch tolle Rezeptideen der Familie gibt.

Seit einigen Jahren bietet der Laden auch andere Produkte aus dem Umland an, alles regional: Essig und Öle, Feigensenf, Schnäpse, Honig, Kuh- und Schafskäse, Kräuter, Gewürze und natürlich Dithmarscher Bier. Einzig die wunderbare Schafseife wird aus Österreich importiert, da die Schleswig-Holsteiner aus ihrer Schaf- und Ziegenmilch lieber Käse herstellen. Im ersten Stock gibt es Schafsfelle zu kaufen. Hier würden die Kunden meist ganz ruhig, sagt Dorthe Bährs, wenn sie über die ausgelegten Felle streichen und mit ihren Händen ertasten, welches ihnen am besten gefällt. Sie spürten dann die beruhigende Wirkung, die vom Wesen der Schafe ausgeht, so die Hofbesitzerin.

Da in die Schäferei Bährs niemand zufällig kommt und es keine Laufkundschaft gibt, bietet die Familie ihre Ware inzwischen auch online an, doch das ist nicht dasselbe. Internetkunden bringen sich hier um ein ganz besonderes Einkaufserlebnis.

**Adresse** Neufelderkoog 25, 25724 Neufelderkoog, www.hof-baehrs.de | **Anfahrt** von Heide auf der B 5 Richtung Meldorf, dann weiter Richtung Marne, in Marne auf die K 9, weiter auf Öhlmühlenweg, dann rechts und wieder links auf den Neufelderkoog, circa 200 Meter vom Seedeich der Nordsee entfernt | **Öffnungszeiten** ab März Do, Fr 10–18 Uhr und Sa 10–16 Uhr | **Tipp** Unbedingt auf den Deich klettern! Die Elbe macht hier den Eindruck, als wäre man schon am Meer.

# 74_Wischmann's Hofladen

*Die Lebensmittel-Tankstelle*

Die Lage des Hofladens direkt an der A23, Ausfahrt Heide-West, ist perfekt gewählt. Hamburger, die auf der Durchreise nach Sylt oder auf dem Rückweg sind, können sich hier genauso gut mit Lebensmitteln eindecken wie Touristen auf dem Weg in den neuen In-Urlaubsort Büsum. In Dithmarschen hat sich längst herumgesprochen, dass es in Wischmann's Hofladen frische Lebensmittel aller Art aus der Region gibt.

Große Transparente an der Landstraße weisen das ganze Jahr über auf die aktuellen saisonalen Spezialitäten hin. In der Spargelsaison bilden sich manchmal sogar Schlangen, denn die Kunden wissen: Die Kohl-, Erdbeer- und Spargelfelder liegen teilweise direkt hinter dem Hof oder in der Umgebung. In großen Auslagen werden die Produkte angeboten. Im Sommer gibt es viel Obst und Gemüse, im Herbst die unterschiedlichsten Kürbissorten, im Winter Kohl zu Traumpreisen und natürlich das ganze Jahr über Kartoffeln.

In der hauseigenen Schlachterei wird nur das Fleisch von Tieren verarbeitet und geräuchert, die auch auf dem Hof aufgewachsen sind. Berühmt ist Wischmann's Hofladen für seine Lamm-Spezialitäten aus eigener Zucht und sein Grillfleisch. Alles vakuumverpackt, damit es frisch bleibt. Es gibt Würste, hausgemachtes Sauerfleisch und Leberwurst, Honig aus der Umgebung, elf Sorten selbst gemachte Marmelade, natürlich Eier und sogar Eierlikör. Über die Jahre hat sich das Angebot immer mehr erweitert. Inzwischen werden auch natürliche und chemisch unbearbeitete Felle und Schafwolle verkauft.

Wischmann's Hofladen befindet sich seit drei Generationen in Familienhand, und jedes Jahr gibt es neue Schwerpunkte. Selbst kleine Geschenk- und Dekoartikel finden sich inzwischen im Sortiment. Und das Beste ist: Dieser Hofladen hat auch sonntags geöffnet. Die Zeiten der sonntagabendlichen Fertiggerichte von der Tankstelle gehören der Vergangenheit an.

Adresse Överwisch 8, 25746 Norderwöhrden, www.wischmanns-hofladen.de | Anfahrt A 23, Ausfahrt Heide-West, Richtung Büsum, Laden auf der linken Seite | Öffnungszeiten Mo–Sa 9–18 Uhr, So 10–17 Uhr | Tipp Gerade in der Kohlsaison bieten viele Bauernhöfe ihre Ernte an der Landstraße an. Oft kosten die Produkte halb so viel wie in den Supermärkten.

# 75 Der Forellenhof

*Das erste Wellenbad Deutschlands*

Die Firma Köster muss in den 50er und 60er Jahren ein sehr begehrter Arbeitgeber gewesen sein. Damit die Mitarbeiter sich wohlfühlten, schuf der Gründer der Firma für seine Angestellten einen Ort zum Entspannen: den Forellenhof. Um die Ferienwohnungen herum entstand zunächst ein Gewächshaus mit eigenem Gemüseanbau. Er wollte gesunde und fitte Mitarbeiter, und das bedeutete eine rein vegetarische Ernährung. Eine Idee, die nach den entbehrungsreichen Kriegsjahren nicht besonders gut ankam. Also wurde neu überlegt, und Köster ließ ein Schwimmbad ins Gewächshaus bauen.

Die Firma fertigt bis heute Schwimmbäder, doch damals schrieb sie Geschichte. Köster errichtete als erste Firma der Welt eine Testanlage für ein Wellenbad. Eine Sensation, über die sich in den 70er Jahren Tausende von Kindern freuten. Der Forellenhof war zum Landschulheim geworden und blieb es 30 Jahre lang – bis zur Pleite.

Heute, zwei Besitzer später, wurde die Wellenanlage ausgebaut und das marode Dach des Gewächshauses abgebaut, doch den Pool gibt es immer noch. Ein Luxus für die Urlauber, die eine der sieben kürzlich renovierten Ferienwohnungen gebucht haben. Wer hier übernachtet, kann sagen, er ist über Bohlen gegangen, über die schon die berühmte britische Schauspielerin Keira Knightley gewandelt ist.

Die heutige Besitzerin Gonda Hinrichs ist von Beruf Kulissenbauerin für Theater und Film. Sie hat schon die Ausstattung für Blockbuster wie »Honig im Kopf« oder »Das Leben der anderen« geschaffen. Vieles an dem extra angefertigten Material ist zu schade zum Wegschmeißen und findet auf dem Forellenhof eine neue Heimat. So stammt das Holz für den Boden und in den Betten aus dem Film »The Aftermath«. In dem legendären Schwimmbad können übrigens auch Hochzeits- oder Geburtstagsgesellschaften baden, wenn sie die hauseigene Kneipe für einen Abend gemietet haben.

Adresse Bundesstraße 25, 25785 Nordhastedt, www.forellenhof-riesewohld.de | Anfahrt an der Landstraße L 316 zwischen Albersdorf und Nordhastedt gelegen | Tipp Auf derselben Landstraße Richtung Heide befindet sich »ManusFaktur«, ein Café mit selbst gemachtem Kuchen und ein beliebter Ort für die Riesewohld-Besucher.

# 76 Die Keramikwerkstatt

*Unikate aus Dithmarschen*

Seit mehr als 40 Jahren arbeitet und wohnt die Töpferin Dörte Tießen in dieser idyllisch gelegenen Ziegelei am Ende der Straße. Ein Gebäude mit Tradition, denn schon ihre Großeltern gingen hier dem Töpferhandwerk nach. Die Handwerkskunst wurde ihr also bereits in die Wiege gelegt, und doch widmete sie sich zunächst dem elterlichen Hof und gehörte zehn Jahre lang zu den Pionieren der ökologischen Landwirtschaft in Dithmarschen.

Die Keramikwerkstatt betrieb Dörte Tießen zunächst nur nebenbei, doch das Töpfern wurde zu ihrer Passion, und so wurde sie nach dreijähriger Ausbildung schließlich zur staatlich geprüften Keramikgestalterin. Die Erfahrung und die Liebe zum Detail sieht man jedem Einzelstück in ihrer Töpferei an. Für Messen oder Großabnehmer wollte sie nie produzieren. Ihre Vogelhäuser, Vasen und Teller sind alle bleifrei hergestellt, selbst entwickelt, jedes ist ein Unikat.

Besonderes Augenmerk gilt den bunten Dosen, denen im Rahmen des Kulturprojekts zwischen Hamburg und Sylt, dem Kunstgriff, 2007 besondere Aufmerksamkeit zuteilwurde. Dörte Tießens beste Stücke vereinen Keramikarbeit, Holzhandwerk und Malerei. Ansehen und kaufen kann man sich die Werke in dem liebevoll gestalteten Schauraum, in den auch der Arbeitsplatz der Künstlerin integriert ist. Das Arbeiten mit eigenhändig hergestelltem Glas und Keramikperlen hat Dörte Tießen sich dagegen im Laufe der Jahre selbst beigebracht. Ihre Ketten, Ringe, Armbänder und Ohrringe sind in einer Nachbarwerkstatt untergebracht.

Besonders in den Sommermonaten lohnt sich ein Besuch der alten Ziegelei, denn der weitläufige Garten rund um das Anwesen öffnet seit 2004 jedes Jahr im Rahmen der Aktion »Offener Garten Schleswig-Holstein« seine Eingangspforte. Zwischen den Pflanzen und Sträuchern befinden sich natürlich jede Menge Kunstwerke aus Ton und Keramik. Sämlinge und Ableger werden einmal im Jahr im Juni zum Selbstkostenpreis abgegeben.

**Adresse** Dörte Tießen, Ziegeleiweg 12, 25785 Nordhastedt, Tel. 04804/366, www.tonsteineperlen.de | **Anfahrt** von der Heider Straße rechts in den Ziegeleiweg abbiegen und bis zum Ende fahren | **Öffnungszeiten** Mo, Di, Do, Fr 9–12 und 15–18 Uhr, Mi 9–12 Uhr oder nach telefonischer Vereinbarung | **Tipp** Wenige Minuten mit dem Auto entfernt liegt das Waldcafé, ein guter Ausgangspunkt, um den Riesewohld zu erkunden (Hohenhain 2a).

# 77 Das Forstgut Quellental

*Bullerbü im Weihnachtsbaumwald*

Mitten im größten zusammenhängenden Waldgebiet im Kreis Dithmarschen, im Riesewohld, liegt eine Art Bullerbü für Erwachsene. Die Menschen leben entweder im großen Vierfamilienhaus im Fachwerkstil oder in einem der drei kleineren Häuser. Alle Gebäude mit dem Charme des Alters, aber modern und zeitgemäß renoviert. Man kennt sich, man schätzt sich, und man mag es abgeschieden.

Die Besitzer, die Familie Zieren, die auch den forstwirtschaftlichen Betrieb »Forstgut Quellenthal« in dritter Generation bewirtschaftet, wohnt in einem Schwedenhaus und kümmert sich um die Häuser, aber auch um das gesamte Gut. Eine gewaltige Aufgabe im doppelten Sinn, denn das Gelände umfasst 130 Hektar.

Es gibt 40 Fischteiche, in denen niemand angelt, denn 2015 endete hier die Zucht von Fischen jeglicher Art. Die gesamte Teichanlage ging in ein Artenschutzkonzept über, das für die Zeit von mindestens 30 Jahren ausgelegt ist. Seitdem können hier seltene Amphibien- und Reptilienarten heimisch werden. Das größte Gebiet steht den Bäumen zur Verfügung. In der Vergangenheit wurde hier vornehmlich auf altbewährte, schnell wachsende Baumarten gesetzt, doch heute steht man diesem Konzept kritischer gegenüber und baut neben Mischwäldern auch reine Laubwälder an.

Die Dithmarscher besuchen das Forstgut Quellental vor allem im Winter, denn im Dezember kaufen sie hier ihre Nordmanntanne. Durch das günstige Nordseeklima müssen die Tannen nicht mit Frosteinbrüchen im Mai rechnen, und der ständige Wind vermindert Pilz- und Parasitenbefall. So ist es nicht notwendig, sie mit Pestiziden zu behandeln. Echte Bio-Tannen. Kein Wunder also, dass die Nachfrage steigt. Der Weihnachtsbaumkauf wird hier zum Adventsevent und zum Entschleunigungserlebnis. Mit Lagerfeuer, Weihnachtsmann und Glühweinausschank findet von Hamburg bis Husum jeder seinen Weihnachtsbaum in einer Schweden ähnelnden Landschaft.

**Adresse** Quellental 2, 25785 Odderade, www.quellental.de | **Anfahrt** aus Albersdorf kommend auf der L 316 links auf Landweg abbiegen und dann in den Weg Quellental, Forstgut ausgeschildert | **Tipp** Der Riesewohld ist von Wanderwegen durchzogen und bietet sich für ausgedehnte Spaziergänge in der Natur an.

# 78 Die Gieselauschleuse

*Immer Ärger mit der Schleuse*

Als 1937 der Gieselaukanal mit seiner Schleuse eröffnet wurde und damit die alte Verbindung in Rendsburg ersetzte, war die Eider plötzlich ein attraktiver Ausflugsort für Skipper, Sportbootkapitäne und kleine Ausflugsschiffe, wenn sie zur Ostsee wollten. Die Lage ziemlich mittig der Wegstrecke war perfekt gewählt, hier konnten die unterschiedlichen Wasserstände problemlos ausgeglichen werden.

Die kleinen Häfen wurden beliebt, Bootsverleiher ließen sich nieder, Hobbykapitäne bauten sogar Häuser in Eidernähe, um ihrem Hobby leichter nachgehen zu können. Heute, über 80 Jahre später, ist die 70 Meter lange und 9,50 Meter breite Schleuse in die Jahre gekommen und zum größten Ärgernis in der Region und zum Dauerthema in den lokalen Zeitungen geworden.

Die Gieselauschleuse funktioniert nicht mehr verlässlich und wurde in den letzten Jahren immer wieder aus Wartungsgründen geschlossen. Für die Ausflugsschiffe und Skipper eine mittlere Katastrophe, denn schließlich ist das Stauwerk im Gieselaukanal an der Eider die einzige Verbindung zum Nord-Ostsee-Kanal und somit zur Ostsee. Doch wenn die Schleuse geschlossen ist, seien sie in der Eider gefangen wie in einem Binnengewässer, sagen die Hobbykapitäne. Als der Bund vor einigen Jahren sogar beschloss, die Instandhaltungsgelder zu streichen und die Schleuse für immer zu schließen, gab es Proteste. Rund 60 Skipper und viele Freizeitkapitäne, die ihren Heimathafen an der Eider zwischen Lexfähre und Tönning haben, trafen sich auf dem Fluss zu einer Protestfahrt, die in der ganzen Region für viel Aufmerksamkeit sorgte.

Ob es die Schleuse weiterhin geben wird, ob sie am Ende doch renoviert wird oder ob sie verrottet, sie wird ein beliebter Ausflugsort in idyllischer Landschaft bleiben, an dem man hautnah erleben kann, wie ein Ausflugsdampfer bis zu einer Länge von 65 Metern geschleust wird – oder auch nicht.

**Adresse** 24707 Oldenbüttel | **Anfahrt** ab Albersdorf, Richtung Wrohm fahren, am Angelgeschäft rechts abbiegen und bis zur Straße Gieselauschleuse | **Öffnungszeiten** Betriebszeiten: 1. April–31. Okt. Mo–Fr 8–13 und 14–18 Uhr, Sa, So und Feiertage 8–12 und 14–19 Uhr, 1. Nov–31. März Mo–Fr 8–13 und 14–17 Uhr, Sa, So und Feiertage sowie 24. und 31.12. 8–12 Uhr, ansonsten nur nach vorheriger Absprache bei der Schleusenaufsicht unter Tel. 04332/995910 | **Tipp** Der Gieselaukanal ist ein ausgesprochen gutes Angelgebiet, Angelkarten gibt es in Osterrade beim Angelwurm.

# 79__Das Zweirad-Museum

*Der Easy Rider aus Dithmarschen*

Mit einer Brennabor G100 von München bis nach Dithmarschen – das klingt nach einem Roadmovie, doch es ist eine Gangstergeschichte. Nach dem Ende des Zweiten Weltkriegs stahl ein Dithmarscher Soldat die Maschine aus einem Münchener Schaufenster. Er wollte nach Hause. Das ist ihm gelungen, und dieser Straftat in der Stunde null ist es zu verdanken, dass das Motorrad noch heute in Ostrohe in einer alten Scheune steht. An einem Ort, an dem früher Kühe gemolken wurden.

Das charmante kleine Museum gehörte über 40 Jahre dem vor einigen Jahren verstorbenen Bauern und gelernten Schlosser Walter Thede. 1979 gab er die Landwirtschaft auf, funktionierte seine alte Scheune als Zweirad-Museum um und machte sie der Öffentlichkeit zugänglich. 223 Motorräder der Jahrgänge 1910 bis 1983 und etwa 40 Fahrräder aus den Jahren 1870 bis 1993 stehen dicht an dicht in der alten Scheune. Modelle von Namapo, Alba, Suzuki, NSU, DKW und eine BMW Triumph. Der Stolz des Museums ist eine DKW E 206 aus dem Jahr 1926, die Walter Thede im Hafen von Friedrichskoog ergatterte. 20 Mark hat er damals dafür bezahlt, viel zu viel für die damalige Zeit, erzählte der Sammler zu Lebzeiten. »Niemand wollte in den Wirtschaftswunderjahren ein Motorrad, man wollte einen VW Käfer.«

Zwischen den Motorrädern stehen auch einige besondere Fahrrad-Fundstücke. Walter Thede hat seine Zweiradsammlung immer pragmatisch geführt. Was er nicht auftreiben konnte, hat er mit Hilfe von alten Fotos und Zeichnungen einfach nachgebaut. Die Fahrräder haben ihren Platz im Obergeschoss. Seine Lebensleistung ist enorm: Die Sammlung zählt zu den größten in Europa.

Inzwischen leiten sein Sohn und seine Tochter das Museum mit großem Elan. Am Museum sind drei Telefonnummern ausgehängt. Ruft man dort an, kommt einer der beiden und führt durch die interessante Sammlung. Am Ausgang steht ein alter Tank, der auf eine Spende wartet.

**Adresse** Kringelkrug 14, 25746 Ostrohe, Tel. 0481/5428 | **Anfahrt** vom Ortsausgang Heide (bei der Rennbahn) genau 1.200 Meter an der Kreuzung geradeaus, letztes Haus auf der rechten Seite | **Öffnungszeiten** täglich 9–18 Uhr | **Tipp** Das Ostroher Moor ist ein schönes und sehr einsames Landschaftsgebiet. Mückenspray mitnehmen!

# 80 Das Pahlazzo

*Den Ort, den die Superstars kennen*

Rex Gildo, Peter Kraus, Peter Alexander, Udo Lindenberg und sogar Helene Fischer. In der Eiderlandhalle haben sie alle gespielt. »Es ist besonders interessant, wie das Publikum in der Provinz reagiert«, sagte Milva kurz vor ihrem Auftritt 1988, bevor sie die Dithmarscher Gastfreundschaft erlebte und einen furiosen Auftritt hinlegte.

Zu verdanken ist die weltweite Bekanntheit dieses Ortes der Familie Diener, deren Vorfahren schon Ende des 19. Jahrhunderts in Pahlen eine gemütliche Gastwirtschaft betrieben. Auf ein Bier, einen Korn und einen Tanz am Wochenende traf man sich im Restaurant und Tanzcasino »Dithmarscher Hof«. Hier spielte immer eine Kapelle.

Mit dem Bau der Eiderlandhalle hinter dem Restaurant hatte die Familie es geschafft. An Pahlen kam kein Star mehr vorbei. Mailand, London, Pahlen stand von nun an auf den Tourplänen von Vico Torriani, Bill Ramsey oder den Dubliners.

Als Ende der 80er Jahre die Großraumdiscos in ganz Deutschland ihren Siegeszug antraten, war das Pahlazzo mit dabei. Zuerst sah man den Modern-Talking-Auftritt, dann tanzte man zu den Hits der 80er Jahre bis in die Morgenstunden. In den 90er Jahren das gleiche Bild, nur mit DJ Bobo auf der Bühne. Für das Partyvolk aus Norddeutschland machte das keinen Unterschied. Selbst aus Dänemark trat man den Weg nach Dithmarschen an, schließlich war das Pahlazzo längst Kult.

Und auch heute bieten sowohl die Disco als auch das Restaurant alles an, was das Herz begehrt. Noch immer hat die gutbürgerliche Küche einen ausgezeichneten Ruf, noch immer werden hier Hochzeiten oder Abibälle veranstaltet, und noch immer machen einige Stars hier gern halt. Auch wenn die ganz Großen inzwischen mit ihren technischen Anforderungen lieber in die Kieler Ostseehalle ausweichen. Um es mit den Worten des Besitzers Rudolf Diener auszudrücken: »Wer Pahlen nicht kennt, hat die Welt verpennt.«

**Adresse** Hauptstraße, 25794 Pahlen-Pahlhude, www.pahlazzo.de | **Anfahrt** Pahlazzo direkt an der L 172 | **Tipp** Wenn man Richtung Norden fährt, kommt man zur Eiderbrücke, die Dithmarschen von Nordfriesland trennt.

# 81 Der Lokschuppen

*Ein Mekka für Eisenbahnfans*

Wie der Name schon vermuten lässt, fährt die Kreisbahn im Kreis. In Dithmarschen im Jahr 1905 sogar 30,5 Kilometer weit. Die Kreisbahn war eine sogenannte Schmalspurbahn, bei der die Schienenbreite nur einen Meter betrug. Ein Maß, auf das man damals setzte. So auch der Staat Preußen, der Strecken mit dieser Breite bezuschusste. Statt also ein Standardschienennetz zu bauen, entwickelte man eine Schmalspurbahn.

Neben Dünger und Kalk – zur Kultivierung des Dellstedter Birkwildmoores – transportierte die Bahn später auch Passagiere, bis zum 2. Oktober 1937, als das Unternehmen Schmalspurbahn wieder eingestellt wurde. Die Kreisbahn konnte der Konkurrenz durch die neuen Kraftwagen nicht standhalten. Die Nationalsozialisten trieben außerdem den Straßenbau voran und machten aus der Kreisbahn ein nicht mehr zu finanzierendes Projekt.

Geblieben ist der alte Lokschuppen in Pahlen, damals Pahlhude. Die Größe des Gebäudes mag auf den ersten Blick überraschen, doch Pahlhude war der Endbahnhof, und es wurde Platz für zwei Loks benötigt und eine zusätzliche Übernachtungsmöglichkeit für den Lokführer.

Heute wird der eine Teil des gut erhaltenen Gebäudes bewohnt, im anderem befindet sich noch immer der Lokschuppen. Vieles an dem Haus erzählt noch die Geschichte von einst, sogar der Fahrplan hängt noch an der Außenwand. Hier wird ein kleines Stück Geschichte am Leben erhalten, und mit etwas Phantasie fühlt man sich in eine andere Zeit versetzt, als die Luft noch von Rauch erfüllt war und die Eisenbahn ratternd ihren Weg immer im Kreis durch die Dithmarscher Lande nahm: über Heide und Hennstedt nach Pahlhude und Tellingstedt und wieder zurück nach Heide. Im Laufe der Jahre wurden fast alle Spuren der Kreisbahn beseitigt. Nur der alte Lokschuppen in Pahlen, versteckt in einer Seitenstraße nahe der Eider, erinnert noch an diese vergangene Epoche.

**Adresse** Fischerstraße, 25794 Pahlhude | **Anfahrt** von Heide B 203 bis Tellingstedt nehmen, dann rechts abbiegen Richtung Pahlen, Sandparkplatz vor der Eiderbrücke, alter Lokschuppen dahinter | **Tipp** In Tellingstedt befindet sich noch ein alter Bahnhof der Kreisbahn, in dem heute ein türkisches Restaurant ist.

# 82 Der Jakobsweg

*Seit 2013 offiziell als Pilgerweg anerkannt*

Wer sich an der Westküste auf Wallfahrt begibt, kann am Ende sagen, er hat Dithmarschen (fast) komplett erkundet. Die knapp 100 Kilometer der ersten Etappe, von der Kirche von Sankt Annen kurz hinter der Eiderbrücke bei Friedrichstadt bis nach Brunsbüttel, bieten einen ausgezeichneten Querschnitt durch die bewegte Geschichte und die Natur des Landstrichs.

Der Weg führt entlang der Köge, vorbei an den Strandwällen und der ehemaligen Steilküste und durch Waldgebiete bis an die Elbe, wo sie sich Richtung Nordsee öffnet.

Im Mittelalter galt die Strecke als Handelsweg, doch seit 2013 gehört sie zum Jakobusweg und wurde damit Teil des europäischen Kulturerbes. Ausgerüstet mit Regenjacke (Regen gibt es an der Westküste viel), Isomatte, Schlafsack und dem Pilgerausweis, den man bei den Pilgerunterkünften beziehungsweise Pilgerherbergen bekommt, gehört diese Strecke zu den abwechslungsreichsten des Landes.

Da es in Dithmarschen keine Berge gibt, hält sich die Anstrengung bei einer maximalen Etappenentfernung von 26 Kilometern in Grenzen. Dazu kommen Pflichtpausen an den zwölf Kirchen, als Höhepunkt die alte Wallfahrtskirche »Zum Heiligen Kreuz« in Windbergen (siehe Ort 108) und das Pilgerzentrum im selben Ort.

Besonders spektakulär ist eine Abzweigung vom Jakobsweg: Etwa 1,5 Kilometer vom Pilgerzentrum entfernt gibt es den vier Kilometer langen Franziskusweg, den sogenannten »franziskanischen Besinnungsweg«. Die Strecke führt durch ein Waldgebiet, die Windberger Heese, gelbe Pfeilmarkierungen und das Zeichen »T« weisen den Wanderern die Richtung. An Baumstämmen entlang der Strecke befinden sich Bilder des heiligen Franziskus und Texte zu seinem Leben. Mit sehr geübten Augen erkennt man am Wegesrand die etwas verborgenen Grabhügel, die auf ein Leben in der Bronzezeit hinweisen und auf die eisenzeitlichen Ackersysteme, die Celtic Fields.

Adresse Höhe Dorfstraße, 25776 Sankt Annen | Anfahrt Beginn der ersten Etappe beim Parkplatz an der Eiderbrücke auf der Dithmarscher Seite in Sankt Annen an der L 156 zwischen Friedrichstadt und Lunden | Tipp Die erste Kirche von Sankt Annen ist einen Besuch wert. Sie wurde 1501 auf einer Sandwurt erbaut und erzählt viel über frühe Pilgerreisen.

# 83 Der Bismarckstein

*Der Mega-Fund*

Gefreut haben sich die Kanalarbeiter sicher nicht, als sie den 3,50 Meter breiten Stein gefunden haben. Der Findling war bei den Verbreiterungsarbeiten am Nord-Ostsee-Kanal (1907–1914) mit seinen 25 Tonnen Gewicht ein echtes Problem. Da in dieser Zeit aber pragmatisch gedacht wurde, hatten die Arbeiter die Idee, den Findling zu sprengen, um auf diese Weise neues Fundamentmaterial zu erhalten. Vergebens, der Stein blieb ein Stein mit gewaltigen Ausmaßen. Nur die Bohrlöcher für den Sprengstoff sind bis heute noch gut erhalten und sichtbar. Also wurde neu überlegt, und so entstand die Idee, den Stein dem »Eisernen Kanzler« Otto von Bismarck (1815–1898) zu Ehren auf dem Kleve bei Sankt Michaelisdonn aufzustellen.

Im Jahr 1915, zum 100. Geburtstag Bismarcks, wurde der Findling auf eine erneute und seine wohl letzte Reise geschickt. Und auf was für eine Reise! Mit Menschenhänden, Seilwinden, Booten und der Bahn wurde er zu seinem jetzigen Standort gewuchtet. Die letzten 200 Meter waren sicher am beschwerlichsten, denn da mussten die 25 Tonnen Stein den Hügel hinaufgeschoben werden. Oben angelangt, wurden noch weitere kleinere Findlinge zur Befestigung platziert, außerdem wurde die ganze Umgebung bepflanzt, um ihm ein würdiges Umfeld zu geben. Von der leichten Erhebung hat man einen schönen Rundumblick über Dithmarschen, das Marschland und die angrenzende Geest.

Nachdem Vandalisten mehrmals versucht hatten, den Findling zu beschädigen, und nachdem besonders verwegene Diebe ihn wegrollen wollten, wurde er 1977 schließlich einbetoniert, wobei der untere Teil des Steins in die Erde versenkt wurde.

Der Findling wurde wahrscheinlich während der letzten Eiszeit, also vor 20.000 Jahren, in die Dithmarscher Geest geschoben. Seit 2002 kümmert sich der Heimat- und Mühlenverein e. V. um die Pflege des Steins und darum, was da eben so zu tun ist …

Adresse 25693 Sankt Michaelisdonn | Anfahrt von Sankt Michaelisdonn Richtung Hopen, vor Bahnüberführung kleiner Parkplatz, von dort dreiminütiger Wanderweg zum Bismarckstein, ausgeschildert | Tipp Ganz in der Nähe befindet sich der 18-Loch-Golfplatz Donner Kleve, der inmitten der Natur liegt und Gastspieler herzlich willkommen heißt (www.golf-am-donner-kleve.de).

# 84 Der Flugplatz

*Tollkühne Männer mit ihren fliegenden Kisten*

Der Flugplatz am Kleve bei St. Michaelisdonn gehört zu den schönsten in Schleswig-Holstein. 1955 wurde das Gelände von 54 Hektar auf 34 Hektar verkleinert und damit speziell auf die Bedürfnisse von Segelfliegern und Motorsport-Flugkapitäne zugeschnitten. Selbst kleine Linienmaschinen landen hier nicht mehr. Das macht die Anlage gemütlich und übersichtlich. Die 700 Meter lange und 18 Meter breite Asphaltpiste und die 1.000 Meter lange Schleppstrecke für den Windenstart, die auch als Landebahn dient, bieten die optimalen Voraussetzungen für den Hobbyflieger. Es gibt eine Tankstelle, eine beleuchtete Landebahn für Nachtflüge und ein kleines Restaurant, die »Fliegerklause«. Aber Achtung: In den Wintermonaten geht im Tower vor Einbruch der Dunkelheit das Licht aus, für die Landung braucht man dann eine Sondergenehmigung.

Ausprobieren konnten sich die tollkühnen Männer in ihren fliegenden Kisten hier schon in den 1920er Jahren. Das hat sich, abgesehen von einer kurzen Pause nach dem Zweiten Weltkrieg, als das Fliegen verboten war, nicht geändert.

Betrieben wird der Flugplatz seit Mitte der 90er Jahre allein vom DLV, dem Dithmarscher Luftsportverein, der an Clubmitglieder sieben Segel und sieben Motorsportmaschinen, darunter sogar noch eine Cessna, verleiht. Der Verein bietet Flugunterricht, aber auch Rundflüge für drei Personen für rund 100 Euro über Dithmarschen an. Einen Flug über das Wattenmeer, die benachbarten Inseln und die verschlafenen Ortschaften und Kleinstädte vergisst man nie.

Besonders reizvoll sind die »Kohl fly in«-Tage Mitte September, wenn rund um den Flugplatz der Kohl geerntet wird. Dann landen viele Mitglieder von anderen Vereinen in ihren Maschinen und grillen, kochen und essen Kohl auf dem Flughafengelände. Bei einer Portion gestovtem Kohl wurde hier schon so manche Flug-Abenteuergeschichte ausgetauscht.

Adresse Hopen 54, 25693 St. Michaelisdonn | Anfahrt von St. Michaelisdonn nach Dingerdonn, Flugplatz ausgeschildert | Tipp Die kleine Bank Richtung Wald ist ein guter Ort, um den Sonnenuntergang zu sehen, mit freiem Blick auf die Start- und Landebahn.

# 85 Das Freimaurermuseum

*Unter Brüdern*

London, Kopenhagen, Sankt Michaelisdonn, das sind in aufsteigender Reihenfolge die Orte mit den drei größten Freimaurermuseen Europas. Zehn Brüder aus Dithmarschen kauften 1979 die alte Schule im Dorf, etablierten die St.-Michael-Loge und die Andreas-Loge Voluntas und eröffneten das Museum. Ihr Ziel war es, die alte Männerbruderschaft in ein positives Licht zu rücken.

Die Hauptsymbole sind allgegenwärtig: das Auge in dem Dreieck, das die Dreifaltigkeit im Christentums und die enthüllende Wahrheit symbolisiert, und der Logenhammer als Symbol dafür, das ganze Leben lang an sich zu arbeiten.

Inzwischen sind in den sieben Räumen des Museums 5.500 Exponate aus aller Welt zusammengetragen worden. Schurze aller Logen in Deutschland, Amtsabzeichen, Trinkbecher, Urkunden, Kupferstiche, Gedenkschriften, Orden, eine Kreuzritter-Figur, die für die Freimaurer eine besondere geschichtliche Bedeutung hat. So wird zum Beispiel bis heute erzählt, dass sich die Freimaurer aus den Tempelrittern entwickelt haben. Eine Bruderschaft, der auch Berühmtheiten wie Mozart, Haydn und Goethe angehörten, die hier auf Porträts abgebildet sind. Das wertvollste Stück ist ein aus Meißener Porzellan geschaffenes Freimaurer-Denkmal, das in seiner präzisen Arbeit beeindruckend ist.

Besuchen kann man das Museum nur am ersten Samstag jeden Monats von 15 bis 18 Uhr. Ohne einen Guide sind die Ausstellungsstücke für einen einfachen Besucher nicht zu verstehen. Aber der Museumsleiter Carsten Englert, der in der Regel anwesend ist, erklärt die einzelnen Stücke gern oder bietet Führungen für Gruppen durch diese rätselhafte Welt der Männerbruderschaften an, auch nach telefonischer Vereinbarung. Im unteren Teil des Gebäudes befindet sich übrigens der Tempel, der von einfachen Besuchern nicht betreten werden darf. Hier herrscht Verschwiegenheitspflicht, wie bei vielen Dingen in dieser mystischen Welt.

**Adresse** Meldorfer Straße 2, 25693 Sankt Michaelisdonn, www.freimaurer-museum.de | **Anfahrt** Abzweig von Burger Straße in die Meldorfer Straße, ehemaliges Schulgebäude von der Straße aus gut zu erkennen | **Öffnungszeiten** jeden ersten Samstag im Monat 15–18 Uhr | **Tipp** Im selben Haus befindet sich ein Restaurant mit gutbürgerlicher Küche.

# 86 Die Geestkante

*Die Geburtsstunde Dithmarschens*

Auf den ersten Blick ist es nur ein bewaldeter Abhang. Doch dieser Ort ist von fundamentaler Bedeutung. Erst durch die 40 Meter hohe Geestkante, auch Kleve, also Kliff, genannt, wurde Dithmarschen möglich.

Wer nach Sankt Michaelisdonn fährt (die gebräuchliche Abkürzung für den Ort bei den Dithmarschern ist übrigens Sankt Michel), reist zurück in die letzte Eiszeit, in der die Eismassen, Geröll und Steine, Endmoränen genannt, aus Skandinavien bis nach Dithmarschen geschoben wurden. Genau bis zu diesem Ort, der heute als Brücke zwischen Marsch und Geest bezeichnet wird.

In der letzten Eiszeit war hier noch Meer, und die Geestkante bildete die natürliche Barriere zwischen Meer und Land. Durch diese Grenze konnte die Nordsee nur bis zum Geestrand schwappen, und als sich das Meer zurückzog, wurden fruchtbares grünes Ackerland und Salzwiesen freigelegt – die Marsch. So ist auch der Name Dithmarschen entstanden, obwohl es in Wahrheit aus Geestland besteht. Je weiter sich das Meer zurückzog, desto mehr Menschen zogen in die fruchtbaren Ackerbauregionen. Dithmarschen wurde zur Bauernregion. Zu den heutigen Anbauprodukten zählen Kartoffeln, Getreide, vor allem Mais, und Kohl in allen Varianten. Dithmarschen verfügt über das größte zusammenhängende Kohlanbaugebiet Europas.

Heute ist das Land von Deichen und Entwässerungskanälen durchzogen, und manch ein Landstrich liegt sogar unter Normalnull. Kein Wunder also, dass die Deiche ständig sicherer gemacht und erhöht werden. Bei Fahrten durch Dithmarschen sind noch weitere Merkmale, die bis in diese Zeit zurückreichen, deutlich erkennbar. Die Knicks, die Baum- und Strauchhecken, die als Zäune angelegt wurden, durchziehen die flache Geestlandschaft. Die Knicks stehen übrigens unter Naturschutz und dürfen nicht einfach so abgetragen werden. Sie gehörten schon immer zum Landschaftsbild Dithmarschens.

Adresse Spiekerberg, 25693 Sankt Michaelisdonn | Anfahrt von Sankt Michaelisdonn auf die Heisterbergstraße und bis zum Ende fahren | Tipp Entlang der Geestkante führt ein Wanderweg. So ist man mit einem Fuß in der Geest und mit dem anderen in der Marsch.

# 87 Die Windmühle Edda

*Dithmarschens schönste Mühle*

Sie gehören zu Dithmarschen wie die Ölfördertürme zu Texas: Die alten Windmühlen sind als Wahrzeichen in ganz Dithmarschen zu finden. Die Kreisstadt Heide wurde lange Zeit sogar die »Stadt der Mühlen« genannt.

Die historische Hoper Mühle »Edda« mit ihrem Reetdach und der Holzverkleidung steht im Ortsteil Hopen am Geestrand auf dem alten Kliff, dem Kleve, und ist aufgrund ihrer erhöhten Lage schon von Weitem gut sichtbar. Die erste Mühle stand hier schon 1666. Aus Buchholz hatte man eine Bockmühle an diesen Ort versetzt, die eine benachbarte Wassermühle ersetzen sollte. 1842 ersetzte dann wiederum eine Holländerwindmühle die Bockmühle, die in »Marie« umbenannt wurde, bis sie 1959 ihren heutigen Namen »Edda« erhielt, nach der Tochter des Müllers.

Nachdem sich die Mühle schon kurze Zeit später wirtschaftlich nicht mehr zu betreiben lohnte, begann auch sie wie viele andere Mühlen zu verfallen. Plötzlich waren die alten Riesen nur noch altmodisch, teuer und überflüssig. Viele wurden abgerissen, gingen in Flammen auf oder verfielen komplett. An ihre Stelle traten moderne, hoch technisierte Fabriken. Bis der Dithmarscher Müllermeister Seupke 1960 mit seinem »Verein zur Erhaltung der Wind- und Wassermühlen in Schleswig-Holstein und Hamburg« gegen das große Mühlensterben anzukämpfen begann. Edda hat davon profitiert und wurde mit finanzieller Hilfe der Deutschen Stiftung Denkmalschutz 1999 renoviert.

Heute ist die Mühlentechnik mit drei Mahlgängen, Haferquetsche und Sackaufzug weitestgehend funktionsfähig und wird hin und wieder genutzt. Anlässlich des jährlich stattfindenden Deutschen Mühlentages am Pfingstmontag kann die Mühle Edda sogar einmal im Jahr auch von innen besichtigt werden. Übrigens werden durch die Stellung der Mühlenblätter verschiedene Botschaften gesendet. Wenn ein Mühlenblatt senkrecht nach unten steht, dann macht der Müller Pause.

**Adresse** Hoper Mühle, 25693 Sankt Michaelisdonn-Hopen | **Anfahrt** vom Bahnhof in Sankt Michaelisdonn über die Straße »Hinter der Bahn« zur Hoper Mühle abbiegen, Mühle hinter Knick, am besten zu Fuß zu erreichen, über Wander- und Landwege | **Tipp** Vom Kleve aus, auf dem die Windmühle steht, hat man einen guten Blick auf den Ort Sankt Michaelisdonn.

# 88 Die Feinkäserei

*Die letzte private Molkerei und Käserei*

Wenn der Milchwagen in gebührendem Tempo vor dem Pkw auf der Landstraße durch Dithmarschen rollt, dann kann es durchaus sein, dass hier die Milch für die letzte Käserei in Dithmarschen transportiert wird.

Die Meiereigenossenschaft Sarzbüttel eG bietet Käse aus der Region. Die typischen rechteckigen Käselaibe, vor allem der Klassiker, der Schlemmerkäse in seiner typischen schwarzen Verpackung, gehören in jeden Kühlschrank an der Westküste. Touristen nehmen ihn gern als Souvenir mit. Es gibt aber auch andere naturgereifte Käsespezialitäten, vom Tilsiter über den Gewölbekäse und Nordseekäse bis hin zum Steinbuscher in verschiedenen Fettgehaltsstufen und Reifegraden, mit und ohne Gewürze wie zum Beispiel Kümmel, Bärlauch oder Paprika.

Der Käse aus Dithmarschen hat eine lange Tradition und kommt von jeher fast immer aus der Käserei Sarzbüttel. 1888 gegründet, verarbeitete sie erst nur Milch zu Trinkmilch, Butter und Quark, bevor sie den Käse als Spezialität entdeckte. Mit der Käseproduktion ist der Grundstein für den andauernden Erfolg der Genossenschaft gelegt worden. Durch die Dachmarke »Gut von Holstein«, zu der acht Molkereien in ganz Schleswig-Holstein gehören, finden die unterschiedlichen Käsesorten in Supermärkten, Geschäften und auf Wochenmärkten reißenden Absatz. Seit 2016 hat die Feinkäserei das Zertifikat »genfreie Milch«, was bedeutet, dass keiner der milchliefernden Landwirte genverändertes Futter an seine Kühe verfüttert. Der gute Ruf der Käserei hat sich inzwischen weit über die Grenzen von Dithmarschen hinaus herumgesprochen. Pro Monat verschickt die Feinkäserei sogar eine Palette mit dem kompletten Sortiment Käse nach Namibia.

Ein Besuch in der Käserei lohnt sich. Hier bekommt man einen guten Einblick in die Arbeit einer modernen Käserei. Um sich durchführen zu lassen, sollte man sich vorher allerdings anmelden.

Adresse Hauptstraße 43, 25785 Sarzbüttel, www.kaeserei-sarzbuettel.de | Anfahrt direkt an der Hauptstraße | Öffnungszeiten Mo–Fr 8–12 und 14–18 Uhr, Sa 8–12 Uhr, Anmeldung erwünscht | Tipp Die Geestkirche in Sarzbüttel ist eine von drei Kirchen, die der Architekt Johannes Hoffmann in den 60er Jahren gebaut hat.

# 89_Die älteste Eiche

*Eine Eiche und ihre Geschichte*

Wenn ein Baum Geschichten erzählen könnte, dann wäre die Bank an der ältesten Eiche im Ortskern von Schafstedt rund um die Uhr von Zuhörern besetzt. Gepflanzt wurde sie vor 350 Jahren, anlässlich der Beendigung des Dreißigjährigen Krieges (1618–1648). Ein Symbol des Friedens und der Freude. Seitdem steht sie an ihrem Platz, damals noch umgeben von Feldern, selbst der Ortskern war zu der Zeit kaum besiedelt. Dann kamen zwei Weltkriege, auch die hat sie überlebt, sogar Generationen von Dithmarschern, die ihre Liebesbekundungen in den Stamm geritzt haben. Ausgerechnet ein Sturm hätte sie fast das Leben gekostet.

2013 tobte Orkan Christian über Norddeutschland und richtete im ganzen Land enorme Schäden an, und auch die Eiche wäre fast sein Opfer geworden. Der stolze Baum verlor einen seiner kräftigsten Äste. Das große Loch im Baum ist nicht zu übersehen. Inzwischen hat die Kommune ein Teilgrundstück rund um die Eiche erworben, sodass zumindest der engere Bereich um den Stamm und das Wurzelwerk von Passanten frei gehalten werden. Der Verlust der Eiche wäre für den Ort ein schwerer Schlag gewesen, ist der enorme Baum doch auch der Wappenbaum des Ortes, auf den die Schafstedter immer stolz waren.

Heute hat die imposante Eiche einen Umfang von knapp sechs Metern und eine Höhe von über 20 Metern. Den Titel »Ältester Baum im Landkreis Dithmarschen« hat sie sich hart erkämpft. 1938 ist sie ganz offiziell sogar zum Naturdenkmal ernannt worden. Eine kleine Tafel weist die Besucher darauf hin.

So ist es kein Wunder, dass die 100 Jahre alte Dorfkneipe in Schafstedt ebenfalls »Eiche« hieß, bis sie im Januar 2018 komplett niederbrannte. Es war im Ort keine Frage, dass sie wieder neu errichtet werden sollte. 2020 war die Wiedereröffnung, natürlich ist es Ehrensache, dass auch die neue Kneipe nach dem Baum benannt wurde: »Gasthof zur Eiche«.

**Adresse** Im Erlengrund / Ecke Dorfstraße, 25725 Schafstedt | **Anfahrt** mitten im Dorf, über kleine Gasse von der Oil-Tankstelle direkt zur Eiche | **Tipp** Ein Stück die Straße runter und nach 100 Metern links kommt man zur Freiwilligen Feuerwehr. Dort steht eine alte Telefonzelle, die zur Mini-Bibliothek umgebaut wurde. Man nimmt ein Buch heraus und gibt dafür ein schon gelesenes ab.

# 90 Das Kerzenhof Café

*Bei Kerzen und Kuchen runterkommen*

Ein eigenes Café auf dem Land zu besitzen, das ist der Traum von vielen gestressten Großstädtern. Dorte Bork, die vor 20 Jahren das Kerzenhof Café in Schafstedt eröffnete, hatte den Mut, ihren Traum zu leben. Sie stieg aus dem Job als PR-Managerin aus und wagte mit ihrer Familie einen Neuanfang. Sie und ihr Mann kauften einen Hof aus dem Jahr 1850 und hatten endlich Zeit: für die Kinder, für die Hühner und für die Renovierung. Vor allem aber hatte Dorte Bork Zeit für ihr Hobby: das Backen.

Gastronomin wollte sie nie werden, aber Gäste wollte sie bewirten. Und dafür musste das Ambiente stimmen. Wo heute ein Café wie aus dem Bilderbuch steht, war einst ein Kuhstall. Kalt, dunkel und ungemütlich. Wochenlang stand Dorte Bork auf der Leiter. Sie besserte Wände aus, strich Balken und sammelte sich auf Flohmärkten ein kunterbuntes Interieur zusammen. Aus dem Dorf brachten die Bewohner alte Möbel, Tassen und Besteck. Das Geheimnis des Erfolgs der frühen Jahre: Nichts passte zusammen!

Doch die Zeiten haben sich geändert. Das Café erstrahlt heute in einem freundlichen Weiß. Es gibt Geschirr, das zusammenpasst, und liebevoll gestickte Tischdecken. Geblieben sind die Lampen aus alten Trichtern oder Zylindern. Im angeschlossenen Heimatmuseum kann jeder noch immer die Dinge anschauen, die zu schade zum Wegschmeißen sind.

Und dann diese Torten! Nie schmecken sie so wie am Tag davor, Rezepte gibt es nicht. Dorte Bork backt einfach. Für ihr Gebäck kommen inzwischen die Leute mit Reisebussen. Zeitschriftenredakteure schreiben Geschichten über das Café und fotografieren jeden Winkel. Auch das Fernsehen war schon da. Inzwischen gibt es Konzerte, Lesungen und Seminare für gestresste Manager. Hier kommt jeder irgendwann runter. Spätestens wenn er den Raum mit den Wachstöpfen betritt und lernt, wie man eine Kerze tunkt und färbt. Der Name Kerzenhof Café ist Programm.

Adresse Dorte und Stephan Bork, Judenstraße 10, 25725 Schafstedt, www.kerzenhof-dithmarschen.de | Anfahrt A 23, Ausfahrt Schafstedt, rechts ins Dorf abbiegen, an der zweiten Kreuzung halb rechts und der kleinen Straße folgen, Café rechter Hand | Öffnungszeiten Mi–So und Feiertage 14–18 Uhr | Tipp Angeschlossen ist das Musikstudio von Dortes Mann. Dort kann man auch Musikunterricht nehmen.

# 91 Der Marx Fachmarkt

*Dithmarschens beliebtester Anglershop*

Angefangen hat alles mit einer Restpostenscheune. Chaotisch, unsortiert, wild. Hierher kam man nicht, um etwas zu suchen, sondern um zu finden, wovon man vorher gar nicht gewusst hatte, dass es existierte, geschweige denn, dass man es brauchte: Schrauben, Gartengeräte und Werkzeuge. Die Restpostenscheune war dank ihres Besitzers Holm Marx in der ganzen Gegend Kult. Hier gab es immer einen Kaffee umsonst, die Telefonnummer eines Handwerkers oder einfach einen guten Schnack.

Bis zu jener tragischen Nacht im Jahr 2006, als die ganze Scheune abbrannte. Kurze Zeit später stand dort eine neue Scheune, mit Tochter Inga Marx und einem neuen Geschäftspartner Gerhard Eisfeld an der Kasse. Verkauft werden seitdem vor allem Angelartikel. Die Lage am Nord-Ostsee-Kanal ist perfekt, die Auswahl an Ruten, Blinkern, Rollen, Schnüren und Haken ebenso.

Angler können Stunden in diesem Laden verbringen. Sie kaufen hier die kompletten Ausrüstungen: Lebendköder, Gummistiefel, Thermobekleidung, Schlafsäcke und Taschen bis hin zu Angler-DVDs. Was nicht vorrätig ist, wird besorgt. Darum kümmern sich die beiden Profi-Angler Harm und Gerald, die in der Anglerszene einen hervorragenden Ruf genießen. Selbst der deutsche Angelmeister kauft hier ein. Einen weiteren Popularitätsschub erfuhr der Laden, als der NDR-Moderator Heinz Galling den Angelshop besuchte, um sich für seine Kult-Sendung »Rute raus, der Spaß beginnt« mit Angler-Utensilien eindeckte und das Anglerparadies in den höchsten Tönen in der Sendung lobte.

Auch heute kann man hier immer noch Schnäppchen machen, so viel Restpostenscheune muss schon noch sein. Jedes Jahr im März stellen Vertreter neue Anglerprodukte und den letzten Schrei für die Szene vor. Außerdem wird ein Angelwettbewerb veranstaltet, bei dem jeder, der Lust hat, mitmachen kann. Und es gibt hier die Angelkarten für den Nord-Ostsee-Kanal und die umliegenden Gewässer.

**Adresse** Marx Fachmarkt Bauen & Freizeit KG, Judenstraße 41, 25725 Schafstedt, marx-fachmarkt.com | **Anfahrt** am Ortsrand bei der Grundschule, Ecke Hohenhörer Straße/Judenstraße | **Öffnungszeiten** Mo–Fr 7–18 Uhr, Sa 7–12 Uhr | **Tipp** Der Gründer Holm Marx kümmert sich inzwischen vor allem um den Bauhof nebenan und verkauft unter anderem Trapezbleche, wie sie in Dithmarschen an vielen Häusern verbaut werden.

# 92 Die Karghöhe

*Der höchste Berg Dithmarschens*

Schön gelegen, in einer hügeligen Geestlandschaft zwischen Bauernhöfen und Waldstücken, liegt das Örtchen Schrum – die »Dithmarscher Schweiz«, wie sie von den Einheimischen liebevoll genannt wird. Ein Ort, der durch seine prachtvollen und ursprünglichen Häuser auffällt. Schrum hat 62 Einwohner, sechs Straßen und ist umgeben von zwölf denkmalgeschützten Hügel- und Steingräbern, wie sie es häufig in Dithmarschen gibt. Weitere Steingräber, die nur noch als Hügel erkennbar sind, liegen auf dem benachbarten Truppenübungsplatz »Riese«.

Das Besondere an dem Ort Schrum ist seine Höhe von 78,5 Metern über dem Meeresspiegel. Damit ist der Ort zwischen Albersdorf und Tellingstedt der höchstgelegene in Dithmarschen. Die Bezeichnung »Dithmarscher Schweiz« hat er sich also hart erkämpft, sie spricht für den trockenen Humor der Einheimischen. Den höchsten Punkt nannte man auf Karten im 19. Jahrhundert noch »Karghöhe«. Heute liegt die Karghöhe, die viele Dithmarscher unter diesem Namen gar nicht mehr kennen, gut versteckt auf einer Pferdeweide hinter dem Gestüt Grimmstal.

Das weiße Prachtgebäude stammt aus der Zeit vor dem Ersten Weltkrieg, in der viele Höfe wie dieser gebaut und immer wieder zweckmäßig umgebaut wurden. Früher wurden auf dem Anwesen Andalusier gezüchtet. Heute leben hier der ehemalige Hamburger Waldorf-Lehrer Werner Schneider und seine Frau Christina Fahrenkrug, die auf dem Hof Holsteiner Pferde züchtet. Immer wieder halten Reisebusse vor dem Gestüt an, berichtet das Ehepaar, damit die Touristen einen Blick auf die Karghöhe erhaschen können. Wer ebenfalls mal hierhermöchte, sollte die gastfreundlichen Besitzer um Erlaubnis fragen, über den Hof gehen zu dürfen. Zu erzählen haben die beiden immer etwas. Neulich habe ein Maulwurf auf der Karghöhe seinen Bau errichtet! Die neue Dithmarscher Rekordhöhe ist allerdings nirgendwo verzeichnet.

Adresse Dorfstraße 5, 25782 Schrum | Anfahrt Kreisstraße 40, in Welmbüttel Abzweig von der B 203 und weiter in Richtung Albersdorf/Arkebek | Tipp Im Gestüt lebte im Obergeschoss einst Hans Jürgen Böttcher, der Gründer des größten Modegeschäfts in Heide, das heute von der Kaufhauskette »Ramelow« betrieben wird.

# 93 Der Deich vor Meldorf

*Mitten im UNESCO-Weltnaturerbe*

Die Geschichte beginnt mit einer Katastrophe. Als 1962 die große Flut von Hamburg über 300 Menschenleben forderte, brach auch der Deich in Meldorf. Er war zu niedrig und zu schwach für die große Flut. Eine neue Deichlinie musste errichtet werden, doch das gefiel nicht allen, es gab Proteste. Immerhin verlor die Bucht durch den Deich rund 1.000 Hektar Salzwiesen und 2.000 Hektar Watt, wertvolle Brutgebiete für die vielen Vögel, die an der Küste leben. Dazu lag Meldorf damals fast am Wasser, und der Hafen, der nur 500 Meter entfernt war, verlor seine Bedeutung für die Stadt. Heute ist er verwaist, und Meldorf liegt sieben Kilometer weiter entfernt im Landesinneren.

Der Deichbau dauerte fast zehn Jahre und war von vielen Rückschlägen wie erneuten Überschwemmungen und Brüchen gezeichnet. Erst 1978 war der acht Meter hohe Deich fertig. Ein Wunderwerk der Technik – 15 Kilometer lang, 130 Millionen D-Mark teuer.

Als Ersatz für die Trockenlegung der damaligen Salzwiesen wurde hinter dem Deich ein riesiges Auffangbecken für die Entwässerung des Hinterlandes geschaffen. Die beiden entstandenen Becken, das Wöhrdener Loch und das Kronenloch (benannt nach den Gezeitenströmen), erfreuen sich inzwischen großer Beliebtheit. Im Naturschutzgebiet Kronenloch ist ein Salzwasser-Biotop entstanden, außerdem eine dichte Buschlandschaft, und es gibt eine Aussichtsplattform. Im Wöhrdener Loch brüten und rasten über 180 Vogelarten, und mit etwas Glück sieht man hier auch die Konik-Wildpferde (siehe Ort 110).

Inzwischen haben Wassersportfans das Salzwasser-Biotop zum Surfen und Kiten für sich entdeckt. Es gibt auch eine Surfschule und Stand-up-Paddling-Kurse (siehe Ort 94). Wild romantisch wird es in den Sommermonaten, wenn die Surfer in ihren Bullis direkt am Wasser übernachten, Musik machen und grillen. Im Winter ist es einsam. Nicht selten begegnet man eine Stunde lang keinem Menschen.

**Adresse** Meldorfer Hafen, Hafenchaussee 1, 25704 Speicherkoog bei Meldorf | **Anfahrt** Meldorfer Bucht am Rand des Wattenmeeres, Nordermeldorf nahe der B 5, Badestellen sowie Hafen ausgeschildert | **Tipp** Der kleine Meldorfer Hafen ist noch immer in Betrieb. Dort liegen alte Fischkutter, und es ist Platz für Yachten.

# 94 Surfen an der Nordsee

*Mit dem Wind nach Norden*

Wenn der Wind weht, am besten aus Nord-Nordwest, und das tut er gern in Dithmarschen, dann kommen die Surfer aus dem ganzen Norden nach Feierabend in die Meldorfer Bucht. Der Speicherkoog mit der Nordsee hinterm Deich gilt als ein phantastisches Surfgebiet für Anfänger und Profis. Ebbe und Flut spielen im Überlaufbecken hinterm Deich keine Rolle. Das Wasser ist immer da, eine Seltenheit an der Westküste.

Ideal für Anfänger ist die geringe Wassertiefe. An den meisten Stellen kann man stehen. Das ist hilfreich für den Fall, dass die Wende nicht auf Anhieb klappt. Die Surfschule Action-Surf liegt am Yachthafen und bietet Schnupperkurse für 30 Euro an. Ob Surfbretter oder Stand-up-Paddling-Boards, hier gibt es fast alles. Ein weiterer kleiner Verleih ist in einem roten Container direkt auf dem Parkplatz am Überlaufbecken untergebracht.

In den letzten Jahren ist die Infrastruktur in der Meldorfer Bucht immer weiter ausgebaut worden, ohne dabei die Natur zu schädigen. Entstanden ist ein neuer Wohnmobil-Stellplatz, auf dem bis zu 80 Wohnmobile Platz haben. Gegen eine Gebühr von acht Euro pro Tag (Pkw 3 Euro) kann man sich dort hinstellen. Außerdem gibt es Toiletten und einen Imbiss am Parkplatz.

Hinter dem Deich wartet die Nordsee, wenn nicht gerade Ebbe ist. Hier ist das Surfen und Kiten das ganze Jahr über ausdrücklich erlaubt – das ist nicht die Regel am Meer. Weil direkt neben dem Hafen und den Treppen für die Schwimmer ein Spülfeld eingerichtet werden musste, ist das Gebiet dort allerdings eine Sperrzone. Ein paar Meter weiter aber gibt es einen Zugang über eine Betonrampe ins Wasser, die in der Regel vollkommen ausreichend ist, da die Gegend nicht als überlaufen gilt. Und der Weg nach Büsum durch das Watt beträgt nur wenige Kilometer. Auch mit dem Fahrrad oder auf Inlineskates kann man die Strecke immer direkt am Wasser entlang bequem zurücklegen.

Adresse Hafenchaussee 1, 25704 Speicherkoog bei Meldorf | Anfahrt Meldorfer Bucht am Rand des Wattenmeeres, Nordermeldorf nahe der B 5, Badestellen sowie Hafen ausgeschildert, Surfschule am Yachthafen | Tipp Zwischen Hafen und Parkplatz gibt es in den Sommermonaten einen der besten Fischbrötchenstände.

# 95__Das Gartencafé

*Dithmarscher Gemütlichkeit*

Wellenreiter-Torte, Dünentorte, Torfrock- oder Backbord-Steuerbord-Torte – die Namen der Leckereien klingen bei der gebürtigen Duisburgerin Frauke Köster so gut, wie sie schmecken. Vor über zehn Jahren hat sie mit ihrem Mann Friedel Nordrhein-Westfalen verlassen und ihr eigenes Café eröffnet. Geplant hatte sie das eigentlich nie, nach Süderdeich kam sie nur zum Ausspannen – und zum Gärtnern. Ihr Garten im malerischen Nordseeort war schnell ein Hingucker. Immer wieder hielten Autofahrer an und fragten, ob ihr Haus ein Café sei. War es nicht, aber die Passanten brachten Frauke Köster auf eine Idee. Als dann auch noch das Nachbarhaus zum Verkauf stand, entschied die Familie, zu bleiben und ein Café zu eröffnen.

Für die Region ist ihre Idee ein Riesengewinn, gerade bei Schlechtwetter. Die liebevolle Deko ist selbst gefertigt, sie ist die große Leidenschaft der Besitzerin. Im Kerzenlicht, an antiken Tischen und Stühlen sitzend, umgeben von Vasen und Kannen, schmeckt der Tee aus den dünnwandigen Tassen mit Goldrand am kleinen Hexenofen gleich doppelt so gut. Ein Ort, der aus der Zeit gefallen zu sein scheint, ein Kleinod zum Durchatmen, unmodern, charmant und ohne jedes technische Hilfsmittel. Es gibt nicht einmal eine Kaffeemaschine. Den Gästen werden gefüllte Thermoskannen auf den Tisch gestellt, »der gute alte Filterkaffee ist eben der beste«, meint die Besitzerin. Jeder Gast zahlt am Ende das, was er getrunken hat, eine Tasse Kaffee gibt es für 1,80 Euro.

In den Sommermonaten wird das Kleinod zum schönsten Gartencafé in Dithmarschen. Zwischen Lavendel und Rosen und einfach allem, was blüht und duftet, sitzt man an gemütlich gedeckten Tischen oder im Liegestuhl. Die Erdbeer-Kokos-Torte mit einem Schuss Kokossirup in der Sahne oder der Bienenstich mit feinem Mandel-Röstaroma und einer zurückhaltenden säuerlichen Stachelbeer-Füllung schmeckt überall, aber hier an oder in der Reetdachkate ganz besonders gut.

**Adresse** Frauke Köster, Hauptstraße 34–36, 25764 Süderdeich, www.gartencafe.info | **Anfahrt** auf der Strecke zwischen Büsum und Sankt Peter Ording direkt an der Hauptstraße | **Öffnungszeiten** Juni–Okt. Mo–So 13–18 Uhr, Nov.–Mai Do–Mo 13–18 Uhr, Di und Mi Ruhetag | **Tipp** Im nahe gelegenen Wesselburen gibt es das Pelotero, eines der größten Spielecenter und eine gute Alternative zu Willi, dem Wal (www.pelotero.de).

# 96__Die Barockorgel

*Die älteste noch spielbare Orgel Norddeutschlands*

Stolz thront die St.-Martin-Kirche auf einer kleinen Erhebung im Ortskern von Tellingstedt. Der 2.500-Einwohner-Ort strotzt nur so vor Geschichte. Zusammen mit Weddingstedt und Süderhastedt gehört Tellingstedt zu den Urkirchspielen, die sich schon vor 1070 vom Mutterkirchspiel Meldorf abteilten und somit eigenständig wurden.

Die romanische Felssteinkirche stammt aus dem 12. Jahrhundert, das schlichte Taufbecken am Eingang mit den Löwenklauen, die so gar nicht christlich anmuten, aus dem 13. Jahrhundert. Es handelt sich dabei um eines der ältesten Becken in ganz Schleswig-Holstein. Immer wieder wurde die Kirche umgebaut. Seit 1559 hat sie die heutige Länge. Männer und Frauen betraten die Kirche damals noch durch getrennte Türen, die inzwischen zugemauerten Eingänge sind noch zu erkennen.

Die Barockorgel von 1642 ist jedoch das unbestrittene Highlight in der reformierten Kirche. Erbaut wurde sie von Tobias Brunner aus dem benachbarten Lunden, als gestuftes Doppelwerk, wie es für Orgeln im 17. Jahrhundert üblich war. Sie ist mit vielen barocken Ornamenten verziert und wurde 1937 durch einen weiteren, seitlich stehenden Pfeifenschrank vergrößert. 1970 ist das Instrument vollständig restauriert worden, seitdem ist es bei Gottesdiensten wieder zu hören.

Sonntags kommen viele Touristen und Kirchenhistoriker in das verschlafene Tellingstedt, um die älteste noch bespielbare Orgel in ganz Schleswig-Holstein zu hören. Dank des großartigen Klangs fühlt die Gemeinde sich Woche für Woche in ein früheres Jahrhundert zurückversetzt. Das Alter dieser Kirche ist genau belegbar, auch die Kanzel im Renaissancestil von 1604, deren Entstehung sogar mit einer Inschrift auf dem inzwischen erneuerten Zeiger der Kirchturmuhr verewigt ist: »Anno söstenhundertveer is gebuwt do Godes Ehr / de Stundenklock und Seigersitz / de Predigstohl und Karkenspitz«.

Adresse Kirchplatz 12, 25782 Tellingstedt | Anfahrt von der Hamburger Straße in die Hauptstraße abbiegen und dann zur Kirche im Ortskern | Tipp Einen Blick ist auch der Glockenturm wert, der typisch für Dithmarschen ist, separat gebaut wurde und neben der Kirche steht. Er wurde zu Ehren der gefallenen Soldaten aus den Jahren 1870/71 errichtet.

# 97_Das Brautmodengeschäft

*Brautkleider aus Dithmarschen*

Der schönste Tag des Lebens beginnt in Dithmarschen. Zugegeben, hier, mitten auf dem Land zwischen Bauernhöfen und Feldern, vermutet niemand ein Brautmodengeschäft dieser Dimension. Und dabei hat die Geschichte 1974 ganz unspektakulär begonnen, als die Bäuerin Greta Laue in ihrem 24 Quadratmeter großen Schlafzimmer begann, Secondhand-Kleidung zu verkaufen. Das ehemalige Kinderzimmer war die Umkleidekabine, das Badezimmer die Kundentoilette. Die Nachfrage nach Abendgarderobe auf dem Land stieg schnell, und so bietet Norddeutschlands größtes Brautkleidergeschäft heute auf 4.000 Quadratmetern 1.700 Brautkleider und 5.000 Abendkleider an. Zusätzlich gibt es dasselbe Angebot an Anzügen für Männer.

Tochter Kirsten und Sohn Henning leiten heute das Geschäft der inzwischen verstorbenen Gründerin. Die über 100 Angestellten arbeiten teilweise schon seit 30 Jahren im Unternehmen. Das ist nachvollziehbar, denn sie lassen sich von der euphorischen Stimmung mitreißen. Wer extra hierherreist, bleibt in der Regel den ganzen Tag. Das Angebot ist einfach zu groß.

Und so ziehen täglich kichernde Frauengruppen und Trauzeuginnen durch die Säle, die nichts Bäuerliches mehr haben, sondern mit den Kronleuchtern, den Perserteppichen und den vielen Spiegeln und Ankleideräumen eher an ein Schloss erinnern. Auf Sofas, Stühlen und Rundbänken berät die Begleitung die Braut. Sie lästern, lachen oder lassen ihren Freudentränen freien Lauf. Bei Laue ist immer was los, und das haben auch Fernsehsender längst erkannt. VOX hat hier bereits gedreht, und der NDR machte das Geschäft durch seine dreiteilige Serie »Brautalarm auf dem Land« zusätzlich bekannt.

Das angegliederte Café Osterhof mit Wintergarten können natürlich auch Nicht-Kunden besuchen, denn die Atmosphäre dort ist einzigartig, und man erwischt sich unweigerlich dabei, die Gespräche an den Nachbartischen zu belauschen.

**Adresse** Brautmoden Laue, Rendsburger Straße 51, 25782 Tellingstedt, www.laue-festmoden.de | **Anfahrt** A 23, Ausfahrt Albersdorf, circa 4 Kilometer bis Albersdorf, am Kreisverkehr Richtung Tellingstedt abbiegen und in Tellingstedt der Beschilderung folgen | **Öffnungszeiten** wochentags 9–18 Uhr, Sa 9–16 Uhr | **Tipp** Nebenan befindet sich das Geschäft Dekomeyer, ein Hochzeitsladen, der sich auf Dekorationen rund um den schönsten Tag des Lebens spezialisiert hat.

# 98 Der Harkestein

*Der Grabstein des Hirtenjungen*

Ein Naturschutzgebiet, ein Feldweg, ein Holzschild, eine Böschung, der lauschige Harkebach, und endlich, nach langer Suche, ist er gefunden, der größte erhaltene Findling Dithmarschens – der legendäre Harkestein. Zahlreiche erstaunliche Geschichten und Sagen ranken sich um diesen auf den ersten Blick unspektakulären Stein. Die am häufigsten erzählte liest sich wie eine niemals geschriebene Oper.

Ein einfacher Hirtenjunge war nachts auf der Suche nach einer verloren gegangenen weißen Kuh, als plötzlich eine wunderhübsche Frauengestalt die Lichtung vor ihm erhellte. Die Göttin Harke stand vor ihm. Es war Liebe auf den ersten Blick für Mensch und Göttin zugleich, doch die Lichtgestalt hatte schlechte Nachrichten für ihn, denn er würde sterben müssen, wenn er ihr Geliebter werden würde. Der Hirtenjunge, blind vor Liebe und Verlangen, war zu dem Schritt bereit. Er wollte sein Leben für die Liebe geben, aber er wollte eine würdige Bestattung. Die Göttin, in ihrer unendlichen Weisheit, begrub ihren Geliebten unter dem Harkestein und setzte ihm damit ein Denkmal.

Bewegt wurde der Stein nie wieder, bis der Steinhauer Johann Hebel aus Süderhastedt beauftragt wurde, den Stein für den Straßenbau zu spalten. Über die Geschichte des Hirten machte er sich zunächst lustig, bis zu dem Tag, an dem er mit Spitzhacke und Keil loszog und beweisen wollte, dass an diesem Märchen nichts dran war. Zuvor hatte er sich einige Grogs in der Kneipe gegönnt und geprahlt: »Nu hau ik den Steen twei!« Er mühte sich jedoch vergebens, bis ein Gewitter aufzog, der Blitz neben ihm einschlug und der Donner ihn schließlich aus dem Wald trieb. Er kehrte nie mehr an den Harkestein zurück, und auch kein weiterer Steinhauer versuchte es. Bis heute liegt der Stein unangetastet im Wald und wartet darauf, besucht zu werden. Wenn er nur nicht so schwer zu finden wäre …

**Adresse** 25767 Tensbüttel-Röst | **Anfahrt** nach Tensbüttel-Röst rechts auf die B 431 und nach 1,3 Kilometern links in die Tensbüttler Straße abbiegen, nach 1,4 Kilometern links in Feldweg abbiegen, dort Holzsäule mit Hinweis auf den Harkestein, Stein in einer Böschung | **Tipp** Viele dieser Findlinge sind für den Bau von Kirchen in der Umgebung genutzt worden. So auch für den Bau der St.-Remigius-Kirche in Albersdorf.

# 99 Das Packhaus

*Das letzte seiner Art*

Direkt an der Eiderbrücke, vor dem Tor zu Dithmarschen, liegt Tönning mit seinem Packhaus, das seit über 230 Jahren das Hafenbild prägt.

Über viele Jahre lag das prachtvolle Gebäude unbeachtet und vernachlässigt da. Ihm drohte das gleiche Schicksal wie anderen Packhäusern in Schleswig-Holstein, die zu Wohnhäusern umgebaut wurden. Heute gilt das Tönninger Packhaus als das letzte seiner Art, dank eines Fördervereins, der es schaffte, das imposante Gebäude in seinem Originalzustand zu erhalten.

Schließlich war es einst der Dreh- und Angelpunkt des norddeutschen Handels. Das Packhaus liegt direkt am Eiderkanal, der als erster Nord- und Ostsee miteinander verband. Weil die Schiffe dank des Kanals nicht mehr die 350 Seemeilen durch den gefährlichen Kattegat und Skagerrak fahren mussten, wurde 1784 ein Umschlagplatz für die Waren benötigt. Das Tönninger Packhaus wurde gebaut. Der Handel hielt bis 1895 an, bis zur Eröffnung des Nord-Ostsee-Kanals, der Größe und Tiefe betreffend viel effektiver war. Tönning lebte von da an fast nur noch von der Krabbenfischerei.

An die bewegte Geschichte des Hauses erinnern Installationen in den ehemaligen Ladeluken, in denen Arbeiter auf stimmungsvollen Bildern mit den Waren dargestellt sind. Im Haus befindet sich unter anderem das Museum für Stadtgeschichte, die auch vom Tönninger Packhaus geprägt wurde. Außerdem ist es ein beliebter Treffpunkt für Veranstaltungen geworden, und ganz nach der Tradition des Hauses findet hier ein Flohmarkt statt, der sich großer Beliebtheit erfreut. Besonders im Dezember ist das Packhaus einen Besuch wert, dann werden die vielen Fenster und Luken zum Adventskalender, in dem jeden Tag ein neues Licht angeht, bis das ganze Packhaus in weihnachtlichem Glanz erstrahlt. Dies verlieh ihm den Titel »Längster Adventskalender der Welt«. Seit 1997 kann man das sogar im Guinnessbuch der Rekorde nachlesen.

**Adresse** Am Eiderdeich 18, 25832 Tönning | **Anfahrt** erste Ausfahrt aus Richtung Heide hinter der Eiderbrücke nehmen und in den Ort fahren, dann den Schildern »Historischer Hafen« folgen, von der Eiderbrücke gut sichtbar | **Öffnungszeiten** Di–So 14.30–17.30 Uhr, Weihnachtsmarkt an den Adventswochenenden 11–18 Uhr, Eintritt: Erwachsene 2 Euro, Kinder/Rentner ermäßigt 50 Cent | **Tipp** Direkt am Tönninger Hafen befindet sich eines der besten Fischgeschäfte Schleswig-Holsteins. Davor bildet sich gern eine Schlange, man sollte ein bisschen Zeit mitbringen.

# 100 Der Golfclub Büsum

*Golf unter Normalnull*

Ein Golfplatz auf ehemaligen Meeresgrund hat eine besondere Verantwortung. Das gilt für alle Golfanlagen, aber für den Golfclub Büsum ganz besonders, denn 1978 tobte hier, wo heute gechippt, gepitcht und geputtet wird, noch die Nordsee. Die Golfanlage ist Ende der 70er Jahre dem Meer abgerungen worden, wie so viele Landstriche in Dithmarschen, und das führt zu dem besonderen Erlebnis, auf 18 Bahnen teilweise unter dem Meeresspiegel zu spielen.

Alles in diesem Verein wird im Einklang mit der Natur geplant, so steht es in den Statuten des Clubs. Die nachhaltige Pflege der Umwelt steht an erster Stelle. So sind die Bahnführungen der Natur angepasst worden und nicht umgekehrt. Das Gelände direkt am Wöhrdener Loch im UNESCO-Weltnaturerbe Wattenmeer ist einzigartig und bringt die ein oder andere Besonderheit mit sich.

Während des Spiels ist auf diesem Golfplatz die Natur allgegenwärtig. Hier leben sehr seltene Uferschnepfen, Blesshühner, riesige Schwärme von Graugänsen, die man selbst in dieser flachen Landschaft schon lange hört, bevor man sie sehen kann, außerdem Fischreiher und sogar Seeadler. Für Ornithologen ist der Platz genauso spannend wie für Golfspieler. Einen seltenen, aber häufigen Anblick bietet eine Herde von Koniks, jenen Wildpferden, die in dieser Gegend zu Hause sind (siehe Ort 110). Zusammen mit den Golfspielern teilen sie sich die Wasserstelle an Bahn acht.

Im Golfclub Büsum sind übrigens nicht nur Clubmitglieder willkommen, sondern auch Golfneulinge und sogar Kinder. Der Verein möchte den Golfsport aus dem elitären Image herausholen und gibt sich unkompliziert. Und doch gehört die Anlage mit ihrem Radarsystem und ihrer Videoanalyse zu den modernsten Golfplätzen in Deutschland. Sehr lohnend ist das Spiel in den Abendstunden, wenn die Sonne über dem Meer versinkt und die ganze Landschaft in ein rötliches Licht taucht.

**Adresse** Zwischen den Deichen 11, 25761 Warwerort, www.gc-buesum.de | **Anfahrt** von der B 203 hinter Friedrichsgabekoog in die Dorfstraße Richtung Warwerort | **Öffnungszeiten** auf Anfrage über die 24-Stunden-Info-Hotline Tel. 04834/960460 | **Tipp** Im Gegensatz zum größeren Seebad Büsum und anderen Badeorten sind der Strand in Warwerort, der Parkplatz und auch die Toiletten kostenfrei nutzbar. Dafür ist der Strand aber auch unbewacht.

# 101 Die Hochzeitsmühle Aurora

*Das romantische Dithmarschen*

»Glück zu«, so grüßten einst die Müller ihre Kunden, wenn sie die Mühle betraten, um ihr Mehl zu kaufen. Heute sagt man an demselben Ort »Ja, ich will«, und schon ist man verheiratet. Aus dem Arbeitsplatz der alteingesessenen Müllersfamilie Peters ist ein Standesamt geworden, in dem statt Brot und Wasser Sekt und Fingerfood gereicht werden.

Seitdem die Mühlen im Land nicht mehr wirtschaftlich arbeiteten und zum größten Teil verfielen, weil das Geld zur Instandhaltung fehlte, wurden die Besitzer, die Politik und die Mühlenvereine aktiv. Die Mühle Aurora war auf diese Hilfe angewiesen. Viele Jahre hatte Aurora stillgestanden und wurde nur von der Familie Peters notdürftig instand gehalten. Erst 1986, durch die Unterschutzstellung und das Dorferneuerungsprogramm mit 150.000 Euro Fördergeld, privaten Spenden und Eigenmitteln der Müllerfamilie Peters, konnte sie saniert werden und ist sogar wieder funktionsfähig.

Die Mühle Aurora gehört in die Kategorie »Zweistöckiger Galerieholländer mit Segelflügeln und Windrose«. Seit 1880 steht sie an ihrem Platz, aber in Wahrheit ist sie 50 Jahre älter. Wie viele andere Mühlen im Land ist auch die Mühle Aurora versetzt worden. Eine aufwendige, aber durchaus gängige Praxis. Die Mühle wurde komplett abgebaut und schließlich an einem anderen Ort wiederaufgebaut.

Heute kann man die Mühle Aurora schon vom Zug aus gut sehen, denn ihre Lage direkt neben den Bahngleisen der Strecke Heide–Husum ist eine besondere, die vor allem im Sommer viele vorbeifahrende Touristen anlockt. Inzwischen ist sie zum »Kulturdenkmal von besonderer geschichtlicher und städtebaulicher Bedeutung« geworden und das Wahrzeichen der 2.300-Einwohner-Gemeinde Weddingstedt. Die Mühle hat, wie viele anderen Mühlen im Land, am Pfingstmontag zum traditionellen Mühlentag geöffnet.

Adresse 25795 Weddingstedt, www.hochzeitsmuehle-weddingstedt.de | Anfahrt direkt an der B 5, Parkplatz an den Gleisen | Öffnungszeiten Mühle nur von außen zu besichtigen oder auf Anfrage | Tipp Die St.-Andreas-Kirche in Weddingstedt lohnt einen Besuch. Im Inneren der Kirche wurde das Chorgestühl im Altarraum mit 61 Bildtafeln aus dem 17.Jahrhundert bemalt.

# 102 Die Stellerburg

*Das Ende des Adels*

Nur ein kleines Schild weist darauf hin, dass dieser Ort einer der geschichtsträchtigsten Dithmarschens ist. Hier, mitten im Nichts, finden sich die Überreste der Stellerburg, einer sächsischen Wallburg aus dem 8. Jahrhundert. Sächsisch deshalb, weil Dithmarschen 804 zu den drei sächsischen Gauen nördlich der Elbe gehörte. 805 siegte Karl der Große über die Franken und errichtete – um seine neuen Ländereien und Gebiete gegen die Slawen zu schützen – einen Urwaldgürtel. In diese Zeit fällt auch der Bau der Ringwallanlagen in Dithmarschen, zu denen die Stellerburg gehörte.

Die Burg diente als Verteidigungswall gegen die Wikinger aus dem Norden. Die Lage an der Eidermündung war gut gewählt, denn im Westen befand sich noch unbebautes, sumpfiges Marschland, und im Osten waren große Moorgebiete. Damit war es recht einfach, den Landweg auf der Lundener Dünung zu kontrollieren.

Bei der Ausgrabung der Burg in den Jahren 1932 bis 1939 fand man etwas Erstaunliches heraus. Archäologen legten insgesamt 20 Hausgrundrisse sowie einen Hohlweg, der die beiden Tore miteinander verband, frei. Besonders interessant waren die gut erhaltenen Holzreste aus Eiche. Anhand der Jahresringe im Holz wurde klar, dass die ungefähre Besiedelung Dithmarschens schon zwischen dem Ende des 7. und dem 9. Jahrhundert gewesen sein muss. Sogar ein Graf soll hier gelebt haben, der über die Dithmarscher herrschte. Das wiederum soll den freiheitsliebenden Nordlichtern aber nicht gefallen haben, es habe Streit gegeben, und die Dithmarscher sollen danach beschlossen haben, dass nie wieder ein Adliger im Land leben sollte.

Zugegeben, nur mit diesem Wissen sind die Bohlen am Boden spannend. Immerhin kann man darüber den Grundriss der Stellerburg abgehen. Unverständlich, dass Dithmarschen aus einem solchen Fund nichts macht. Es wäre in anderen Landkreisen ein Open-Air-Museum, hier aber grasen im Sommer Schafe.

Adresse Am Wasserwerk, 25795 Weddingstedt | Anfahrt von Neuenkirchen der Straße Richtung Wesseln folgen, über die B 5 fahren, dann links abbiegen, dann wieder links, Hinweisschild beachten, Stellerburg nach circa 200 Metern auf der linken Seite | Öffnungszeiten frei zugänglich | Tipp Mehr zu diesen Funden und ihrer Geschichte ist im Museum in Albersdorf zu erfahren, auch Bilder der Ausgrabungen werden gezeigt. Allerdings ist es nur in den Sommermonaten geöffnet.

# 103 Die Dorfwurten

*Der Mist-Hügel*

In den Wintermonaten, wenn die Felder überschwemmt sind oder die Erde gefroren ist, berichten die Zeitungen regelmäßig von den Problemen der Landwirte, die ihren Mist nicht loswerden. Spätestens im Februar sind die Güllesilos der Bauern voll. Ein Problem, das so alt zu sein scheint wie die Menschheit. Über den Umgang mit Mist kann man an diesem Ort eine Menge lernen. Der grüne Hügel, auf dem heute meist Pferde grasen, besteht nämlich aus Mist. Gleichzeitig befand sich hier eine der ersten Siedlungen Dithmarschens. Ausgrabungen aus dem Jahr 1994 belegen, dass schon 50 nach Christus hier die ersten Schutzhügel gegen das Meer, Wurten genannt, errichtet wurden.

Im 7. Jahrhundert wurde daraus eine Siedlung mit mehreren Häusern. Bauernverbände gründeten sich und rangen dem Meer wertvolles und vor allem fruchtbares Land ab. Das Hinterland war durch die eingeschränkte Entwässerung vermoort und damit für die Landwirtschaft unbrauchbar geworden.

Die großen Mengen an Kuhmist verteilten die frühen Siedler bis in das 14. Jahrhundert hinein in den Prielen. Auf diese Weise ist die 7,20 hohe und 280 Meter breite Wurt entstanden. Ein Berg aus Kuhmist, der später noch mit Klei zum Schutz gegen die zunehmenden Sturmfluten erhöht wurde.

Seit den archäologischen Funden an diesem Ort lässt sich sehr viel über die Geschichte der Nord-Dithmarscher rekapitulieren. Es wurden hier Wetzsteine aus Skandinavien, Mahlsteine und Fibeln aus dem Rheinland sowie Keramik aus den friesisch besiedelten Küstengebieten der Niederlande gefunden. Schon damals wurde also von hier aus Handel mit weit entfernten Regionen betrieben. Die größte Wurt entstand im 12. Jahrhundert. Auf ihr liegt heute der Ortsteil Wellinghusen, der wiederum zu dem Ort Norderwöhrden gehört. Heute wird hier vor allem Energie durch Windkraftanlagen erzeugt. Geschäftstüchtig war man an diesem Ort schon immer.

**Adresse** Weideweg 4, 25746 Wellinghusen bei Norderwöhrden | **Anfahrt** an der B 203, meist Pferde auf der Erhebung, links und rechts kleine Einbuchtungen zum Parken | **Tipp** Jeden Freitag findet von 8 bis 12 Uhr ein Wochenmarkt am Feuerwehr-Gerätehaus statt.

# 104 Das Hebbel-Museum

*Eine Zeitreise in die Dramatik*

Theodor Storm ist ohne Frage der bekannteste Dichter Norddeutschlands und wird auch immer zuerst genannt. Was seine literarische Bedeutung angeht, steht der Dramatiker Friedrich Hebbel Storm allerdings in keiner Weise nach. Das spürt man an diesem Ort, dem Friedrich-Hebbel-Museum in Wesselburen.

Die Reise beginnt im Jahr 1813, in dem Hebbel in Wesselburen geboren wurde. Hier verbrachte er 32 Jahre seines Lebens. Es sind die Jahre vor dem Ruhm, die entbehrungsreichen Zeiten des Hungers. In sehr einfache Verhältnisse hineingeboren, musste Hebbel schon als Elfjähriger nach dem frühen Tod seines Vaters seinen Verdienst zur Familie beisteuern. Das wenige Geld, das der Familie zur Verfügung stand, bekam Friedrich Hebbel für seine Protokolle, die er für den Kirchspielvogt verfasste, der im 19. Jahrhundert hier lebte. Im Hebbel-Museum kann man diese Schriften und andere noch im Original sehen.

Der spätere Dramatiker wollte aber mehr und verbrachte viel Zeit in der Bibliothek. Sieben Jahre lang lebte er in dem Haus, bis er auszog und seine Studienjahre unter anderem in Hamburg, München, Paris, Neapel und Heidelberg verbrachte. Erst auf seinen Reisen entstanden die Dramen »Judith«, »Genoveva« und das am meisten gespielte bürgerliche Trauerspiel »Maria Magdalena«.

In zehn Räumen sind alte Schriften, Möbel, Gemälde und Fotos zu sehen. Selbst das Geburtszimmer wurde nachgebaut. Zwei Räume sind dem späteren Werk gewidmet, das auf Reisen entstand. Und natürlich werden auch seine letzten 20 Lebensjahre in Wien erzählt, wo er zum Star wurde. Nach Wesselburen ist Friedrich Hebbel übrigens nie zurückgekehrt.

Die Ortschaft aber profitiert bis heute von seinem Dramatiker. Ihm zu Ehren gibt es neben dem Hebbel-Museum die Friedrich-Hebbel-Schule und natürlich die Hebbelstraße. Stolz nennen die Wesselburener ihren Ort auch die »Hebbel-Stadt«.

**Adresse** Osterstraße 6, 25764 Wesselburen, www.wesselburen.de | **Anfahrt** Museum mitten in der Altstadt, über Bahnhofstraße, später Dornstraße erreichbar, Parkplätze auf dem Marktplatz oder oben an der Kirche | **Öffnungszeiten** Mai–Okt. Di–Do 11–13 und 14–17 Uhr, Fr–So 11–13 und 14–16 Uhr und nach Vereinbarung, Nov.–April Di–Do 14–17 Uhr oder nach Vereinbarung | **Tipp** In der Altstadt liegt die Ulmenklause, ein uriges Café-Restaurant, das auch einen Außenbereich hat.

# 105 Das Kohlosseum

*Die Krautwerkstatt*

Rom hat das Kolosseum, Dithmarschen das Kohlosseum. Besser schmeckt es hier, denn im Kohlosseum gibt es, wie der Name schon sagt, Kohl, und zwar in allen erdenklichen Formen und Zubereitungsarten. Angefangen mit dem besten Krautsalat und dem besten Sauerkraut der Welt. Letzteres ist zu erwarten, denn das historische Gebäude aus dem Jahr 1865 wurde, nachdem es zunächst eine Zuckerfabrik gewesen war, eine Sauerkrautfabrik. Fast 50 Jahre lang wurden hier von 120 Mitarbeitern zehn Millionen Dosen und Tüten Sauerkraut produziert. Die Hauptabnehmer waren Reformhäuser und Biomärkte, ein Beweis für die hohe Qualität.

Als 1995 die letzte Dose vom Band lief und das gesamte Gelände 2007 schließlich verkauft wurde, starb ein Stück Kohl-Geschichte in Dithmarschen. Schließlich waren es einige Ehemalige der Firma, die die Geschichte wiederaufleben ließen. Sie hatten die Idee mit dem Kohlosseum – ein Denkmal und ein Museum für das Superfood.

Hier kann man alles über die Kohlverarbeitung lernen, erfährt, wie man traditionell das beste Sauerkraut oder eben den besten Krautsalat der Welt herstellt, und lernt dabei, wie die Dithmarscher einst den Kohl anbauten, ernteten und verarbeiteten. Die Betreiber haben alte Kohlpflanzmaschinen, Ackergeräte, Kohlschneidemaschinen und jede Menge alter Holzkrautfässer (unerlässlich für ein gutes Sauerkraut) zusammengetragen. Auf historischen Bildern sieht man, wie hart, aber liebevoll die Dithmarscher mit ihrem Kohl umgegangen sind. Kohl muss behandelt werden wie ein rohes Ei, wissen die Profis und vermeiden jegliches Werfen der Köpfe. Das macht die Kohlernte aufwendig.

Überraschend ist das, was der Bauernmarkt im Kohlosseum alles anbietet: Kohlsaft, Kohlgesichtscreme, Kohlshampoo und Kohlkochbücher. Am Ende verlässt niemand dieses Universum mit leeren Taschen, denn: »Wer ohne Kohlkopf abreist, war nicht in Dithmarschen.«

Adresse Bahnhofstraße 20, 25764 Wesselburen, www.kohlosseum.de | Anfahrt mitten in Wesselburen an der Bahnhofstraße, Parkplätze vorhanden | Öffnungszeiten Nov.–Ostern Mo–Fr 9–17 Uhr, Sa 10–13 Uhr, 1. Juli–31. Okt. 9–18 Uhr, Sa 10–15 Uhr | Tipp An jedem ersten Wochenende findet rund um das Kohlosseum ein sehr beliebter Flohmarkt statt.

# 106 Baden am Deich

*Ohne Sand am Strand*

Für die Urlauber ist das ungewohnt, für Dithmarscher normal: ein Sonnenbad am Meer und danach kein Sand in der Hose, auf der Haut oder dort, wo er sich sonst gern versteckt. An der gesamten Küste Dithmarschens, der längsten Liegewiese der Westküste, gibt es keinen natürlichen Sandstrand, dafür aber jede Menge grüne Deiche, Badetreppen, Schafe und Watt.

Der Wesselburenkoog ist ein Geheimtipp unter Dithmarschern, denn die naturbelassene Badestelle ist kostenfrei, genauso wie der große Parkplatz hinter dem Deich. Ohne Auto kann man zu diesem Ort kaum gelangen. Der Blick aufs Meer ist spektakulär. Man sieht Vollerwiek, die grüne Badebucht auf Eiderstedt, Sankt Peter Ording und das Eidersperrwerk. Die Eider, mit 188 Kilometern der längste Fluss Schleswig-Holsteins, mündet hier in die Nordsee. Das imposante Beton-Ungeheuer schützt die gesamte Region vor dem Hochwasser.

Bei Flut geht es über die Badetreppen ins Meer, bei Ebbe ins Watt, aber bitte barfuß, denn das ist am gesündesten. Noch gesünder ist übrigens die geführte Wattwanderung, denn Eider und Nordsee können im Zusammenspiel tückisch sein. Immer wieder ertrinken Menschen in der Nordsee, weil sie glauben, das Meer kommt bei Flut nur von vorn. Ein Irrtum, der tödlich enden kann, denn es kommt von allen Seiten.

An der Badestelle stehen Duschen zur freier Verfügung, es gibt einen Kinderspielplatz mit Schaukeln, einem Kletterturm, einer Burg aus Reisig und einen Hundestrand direkt nebenan. Empfehlenswert ist das kleine Restaurant »Die Deichkarte« mit fairen Preisen und leckeren Backfischbrötchen. Die jodhaltige Luft, das Geschrei der Möwen, die ständige leichte Brise und das Gemecker der Schafe – dieser Ort ist Dithmarschen pur, auch außerhalb der Saison. Dann nämlich sitzen Naturliebhaber und Vogelbeobachter in dicken Jacken mit ihren Ferngläsern auf den Bänken am Deich.

**Adresse** Am Badestrand, 25764 Wesselburenerkoog | **Anfahrt** A 23, Ausfahrt Heide-Nord, dann der B 203 folgen Richtung Büsum, Abfahrt auf die L 305 Richtung Wesselburen, auf L 305 bleiben und Richtung Campingplatz, dort am Deich entlang Richtung Restaurant, großer öffentlicher und kostenloser Parkplatz | **Tipp** Das Restaurant Aussichtsturm liegt keinen Kilometer entfernt am Eidersperrwerk und verspricht einen tollen Blick. Verbinden Sie die Mahlzeit mit einem Deichspaziergang.

# 107__Das Eidersperrwerk

*Ein Gigant gegen die Sturmflut*

Das Eidersperrwerk ist eines der größten Küstenschutzbauwerke Europas und hat auch nach fast 50 Jahren nichts von seiner Faszination verloren. Bei Wind und Wetter gehen oder radeln Touristen und Einheimische über die Deichanlage, machen Fotos oder beobachten Wasservögel in dem angrenzenden Naturschutzgebiet. Ob es der freie Blick von dem aufgeschütteten Damm auf die Nordsee und auf die fünf riesigen, 250 Tonnen schweren Doppeltore ist oder die 25 Meter lange Schleuse mit der Klappbrücke, über die die Autos zwischen Dithmarschen und Nordfriesland hin- und herfahren – die Faszination über das, was Menschen in der Lage sind zu bauen, ist hier allgegenwärtig.

Mit dem Bau des Eidersperrwerks haben die Schleswig-Holsteiner eine Konsequenz aus der großen Flut von 1962 gezogen, bei der ihnen vor Augen geführt wurde, wie sehr sie den Launen der Nordsee ausgeliefert sind. Sechs Jahre lange wurde an dem Eidersperrwerk gebaut, und fast 50 Jahre lang hat der Gigant den Menschen seinen treuen Dienst erwiesen. Er hat nicht nur die Fluten abgehalten, sondern er regelt auch, wie jede Schleuse, den Schiffsverkehr zwischen Eider und Nordsee und bietet dem kleinen Hafen Schutz.

Von hier aus können interessante Touren in kleinen Ausflugsschiffen unternommen werden, die allesamt durch die Schleuse führen. Entweder geht es raus zu den Seehundsbänken oder mit einem Kutter entlang der Eidermündung zum Seetierfang. Dabei wird an einem beliebigen Punkt ein Netz ins Wasser geworfen, dann wird hochgezogen, was darin gelandet ist, und in eine oben offene Stahlwanne geschüttet. Die Ausflugsgruppe an Bord kann somit sehen, welche Tiere auf dem Meeresgrund leben. Am Ende werden die Tiere wieder in die Freiheit entlassen. Besonders für Kinder ist das ein tolles Abenteuer, bei dem sie eine Menge lernen. Das Eidersperrwerk ist auf jeden Fall ein Ort, an den man genug Zeit mitbringen sollte.

Adresse Dammstraße, 25764 Wesselburenerkoog | Anfahrt Sperrwerk direkt an der L 305 | Öffnungszeiten in der Saison alle zwei Wochen Führungen, jeweils Do 16 Uhr, Treffpunkt am Infopavillon vor dem Treppenaufgang Dithmarscher Parkplatz; Führungen kostenlos, Spende für die DGzRS (Deutsche Gesellschaft zur Rettung Schiffbrüchiger) erwünscht, Reservierung für individuelle Führungen über Herrn Wolff unter Tel. 04861/1243 | Tipp Am Ende des Parkplatzes gibt es einen Imbiss und dahinter Bänke, von denen aus man einen tollen Blick auf die Eider hat.

# 108 Die Kirche zum Heiligen Kreuz

*Der illegale Bau eines Gotteshauses*

Die Entstehungsgeschichte der Kirche ist eine Gruselgeschichte: Sie steht auf dem ehemaligen Feld eines Bauern, der dort einst sein Getreide anbaute. Als er 1495 den Boden pflügte, blieben plötzlich seine Ochsen stehen, und der Pflug bewegte sich nicht mehr. Der Bauer versuchte es erneut, doch ohne Erfolg. Es musste einen Widerstand im Boden geben, und so begann der Bauer zu graben. Statt eines Findlings fand er ein Kruzifix, das er mit nach Hause nahm und in seine Schublade legte. Doch am nächsten Tag soll es wieder am selben Platz auf dem Feld gelegen haben. So ging es viele Tage. Der Bauer war im Begriff, den Verstand zu verlieren, doch meinte er, darin ein Zeichen Gottes zu sehen.

So errichtete er an genau dieser Stelle ein großes hölzernes Kreuz und eine kleine hölzerne Zelle. Schnell wurde das Kruzifix zum Wallfahrtsort und die hölzerne Zelle zu einer Kapelle, die am 7.Mai 1495 erstmals als Kirche urkundlich erwähnt wurde. Ein Fehler, denn diese Erwähnung rief die Ämter auf den Plan.

Das Hamburger Domkapitel störte sich daran, dass die Windbergener ohne Zustimmung mit dem Bau begonnen hatten. Ein Gesandter wurde nach Windbergen geschickt, um den Einwohnern mitzuteilen, dass die Kirche wieder abgerissen werden müsse. Die Gemeinde wehrte sich, sie bedrohte den Gesandten und schickte den eingeschüchterten Mann zurück nach Hamburg. Damit hatten sie ihr Ziel erreicht, und die Kirche durfte stehen bleiben.

Das Kruzifix gilt heute als einzigartiger Kunstgegenstand. Seit 2014 sind die Überreste wieder in der Kirche zu besichtigen. Heute ist die Figur an einem barocken Holzkreuz befestigt, das bei jedem Gottesdienst auf dem Altar steht. Rechts unter dem Altar befindet sich eine kleine grüne Tür. Dahinter, in einem Loch, lag einst das Kreuz.

Adresse Kirchstraße 1, 25729 Windbergen | Anfahrt von Meldorf kommend von der Westerstraße links in die Kirchstraße abbiegen | Tipp Im Gemeindebüro gegenüber der Kirche befindet sich die Stempelstelle für den Pilgerpass.

# 109 Das Materialienhaus

*Das älteste Haus Dithmarschens*

Die gotische Inschrift »Wörner Waterbörs« über der Eingangstür sowie ein plattdeutscher Türspruch im Rundbalken gaben den Wöhrdenern von jeher Rätsel auf. Fachwerkspeicher wie diese sind an der Westküste eigentlich nie erbaut worden, sie gehörten nicht in die Gegend. Materialienhäuser dienten vor allem in den slawischen Ländern und der Schweiz als Speicher für Saatgut, Öl, Werkzeug oder Kleidung. Dinge, die man in Dithmarschen traditionell in oder an seinem Haus lagerte.

Dieser Fachwerkspeicher muss also von einem wohlhabenden Bauern errichtet worden sein, der möglicherweise nicht aus der Gegend kam. Wer dieser Mann war, war nie herauszufinden. Man kennt nur das Erbauungsjahr 1519 und weiß somit, dass es das älteste bewohnte Haus in ganz Dithmarschen ist.

Das Gebäude hat eine bewegte Geschichte. Bauern, mehrere Familien und sogar die Gemeinde nutzten es für die unterschiedlichsten Zwecke. Als 1777 die alte Kirche im Ort baufällig wurde, diente das Materialienhaus zehn Jahre lang sogar als Ersatzkirche und wurde umgebaut. Das Ziegelmauerwerk wurde renoviert, das ganze Gebäude verlängert und verbreitert. Als Lagerhaus für lebensnotwendiges Material diente das Haus nie wieder in seiner Geschichte. Im Laufe der Jahre wurde das Gebäude zum Feuerwehrhaus, Gefängnis und zur Jugendherberge umfunktioniert.

Heute kaum vorstellbar, aber damals war vor dem Haus noch ein Nordsee-Priel. Hier war einst das Meer, darauf lässt auch die Erhöhung des gesamten Ortes schließen. Wöhrden liegt auf einer Wurth, so wie eine Hallig. Einst handelte es sich also um eine Hafenstadt, heute – nach der Landgewinnung – liegt die Gemeinde zwölf Kilometer vom Meer entfernt. Dem Materialienhaus drohte der Verfall, bis ein reicher Bürger aus Heide das Haus 1929 renovierte. Heute wird das Haus wieder von einer Familie bewohnt. Äußerlich hat es sich kaum verändert.

**Adresse** Ringstraße/Ecke Hafenstraße 17, 25797 Wöhrden | **Anfahrt** aus Heide kommend B 203, an der Nixdorf-Allee Richtung Waldorfschule abbiegen und um die Kirche fahren, am Tante-Emma-Laden parken, Hafenstraße linker Hand | **Öffnungszeiten** nur von außen zu besichtigen | **Tipp** In Wöhrden gibt es einen sehr guten Landgasthof mit Hotel, den »Gasthof Oldenwöhrden«.

# 110 Die Koniks

*Wie im Wilden Westen*

2004 waren es gerade mal zwei Hengste und acht Stuten, die aus den Niederlanden am Speicherkoog ausgesetzt wurden. Sie gehören der polnischen Ponyrasse Konik an, die als sehr robust, anspruchslos und menschenfreundlich gilt und gern in der Landwirtschaft und in der Landschaftspflege eingesetzt wird. Die Tiere fühlten sich sofort wohl und ernannten das Gebiet rund um das Wöhrdener Loch, das inzwischen zu den bedeutendsten Naturschutzgebieten Europas zählt, schnell zu ihrer Heimat.

Seitdem fressen sie das üppig wachsende Gras, das viele Schilf und die jungen Triebe von Büschen und Bäumen. Dank ihnen fühlen sich bedrohte Vogelarten wie Kiebitze und Feldlerchen wieder wohl und vermehren sich. Auch die Koniks vermehren sich und fohlen jedes Jahr aufs Neue. Aus der damals kleinen Herde ist eine große, mit teilweise bis zu 90 Wildpferden geworden. Zu viel für das Gebiet, das ja nicht mitwächst. So werden jedes Jahr im Speicherkoog geborene Pferde an andere Naturschutzgebiete in Europa abgegeben.

Nur, wie findet man die Konikpferde? Das ist nicht einfach, denn allein das Wöhrdener Loch ist 490 Hektar groß, und Wegweiser zu den Pferden wären sinnlos. Man braucht also Zeit, möglichst ein Fernglas und zur Fortbewegung am besten ein Fahrrad. Findet man eine der Herden, kann man versuchen, sie anzulocken. Das ist gar nicht schwer, denn die Ponys haben im Speicherkoog keine Feinde, kennen also nichts Böses und sind neugierig.

Schilder am Weg weisen immer wieder darauf hin, die Pferde nicht zu füttern, denn sie sollen so wild wie möglich leben. Der Mensch greift nur in das Geschehen ein, wenn es unbedingt nötig ist, so wie 2006, als die Pferde bei extremem Schnee nichts mehr zu fressen finden konnten und ihnen Heuballen hingelegt wurden. Weitere Informationen gibt es am Vogelbeobachtungsstand Heide am Westrand des Westküstenradwanderweges.

**Adresse** Dritter Querweg, 25704 Wöhrdener Loch bei Meldorf | **Anfahrt** vom Meldorfer Hafen aus am Deich weiterfahren, am besten mit dem Fahrrad, Anwesenheit der Koniks überall möglich | **Tipp** Der NABU-Naturtreff im Speicherkoog hat die Form eines Wattwurmes und wird von freiwilligen Mitarbeitern des NABU betreut. Hier gibt es viele Informationen rund um das Naturschutzgebiet.

# 111 Die Naturbadestelle

*Alles fließt*

Im Osten der Nord-Ostsee-Kanal, im Süden die Elbe, im Westen die Nordsee und im Norden die Eider als Grenzfluss zu Nordfriesland. Wassermangel gibt es in Dithmarschen keinen. Mit ihren 188 Kilometer Länge ist die Eider der längste Fluss Schleswig-Holsteins und mit seinen vielen Freizeitmöglichkeiten auch der beliebteste. Angler lieben die Fischvielfalt, Hobbykapitäne die vielen kleinen Anlegeplätze, und Kanuwanderer haben die Eider entlang der Moore, Wiesen und Wälder gerade in den letzten Jahren als Naturparadies entdeckt. Von der entspannten Art der Fortbewegung profitieren nicht nur die Seele und der Geist der Urlauber, sondern auch die vielen Wasservögel.

Ausflüge auf der Eider waren in der Vergangenheit oft weniger entspannt. Zwischen 1593 und 1601 riss der Fluss den Ort Wollersum in die Tiefe. Jahrhundertelang konnte die Eider nur durch aufwendige Uferschutzbauten gebändigt werden. Erst durch das Eidersperrwerk bleibt der Fluss in seiner natürlichen Bahn und wird durch seine hervorragende Wasserqualität zum beliebten Badefluss. Entlang der Eider gibt es auf jeder Seite eine Menge versteckter Badeplätze, die nie überlaufen sind.

So auch die naturbelassene Badestelle Wollersum, wo früher die wichtigste Fährverbindung von der Kirchspielgemeinde Tönning nach Lunden war. Der frühere Eiderhafen ist Geschichte, nur manchmal, bei extremem Niedrigwasser, kann man noch die hölzernen Dalben der Hafeneinfahrt sehen. Heute führt ein kürzlich renovierter Badesteg zum Wasser.

Besonders reizvoll für alle Camper ist der kleine Wohnmobil-Stellplatz, der zwar weder über Strom noch über Wasseranschlüsse verfügt, dafür aber einen freien Blick über die Eider bietet. Natur pur. Die Wasserqualität wird hier wie überall an der Eider regelmäßig kontrolliert. Die Ergebnisse hängen auf dem Wohnmobilstellplatz aus und sind in der Regel sehr gut.

**Adresse** Wollersum 37, 25744 Wollersum | **Anfahrt** in Lunden von der Westerstraße links in die Wollersumer Straße abbiegen, Wohnmobil-Stellplatz ausgeschildert | **Tipp** An der Badestelle führen zahlreiche Wanderwege und Radwanderwege entlang der Eider vorbei.

1
2
Friedrichstadt
Schwabstedt
Oldenswort
30
82
Stapel
Tönning
Erfde
Eider
17
Weddingstedt
Tellingstedt
Wesselburen
Heide
78
Nordhastedt
A7
Nord-Ostsee-Kanal
Büsum
Albersdorf
Hanerau-
Hademarschen
Meldorf
Meldorfer
Bucht
A7
28
Hochdonn
Wacken
Friedrichskoog
Burg (Dithmarschen)
Vaale
Sankt Michaelisdonn
Buchholz
Nord-Ostsee-Kanal
Marne
Eddelak
Wilster
50
Brunsbüttel
Elbe
Elbe
N
0
2 km
Otterndorf
Freiburg
(Elbe)
Glückstadt

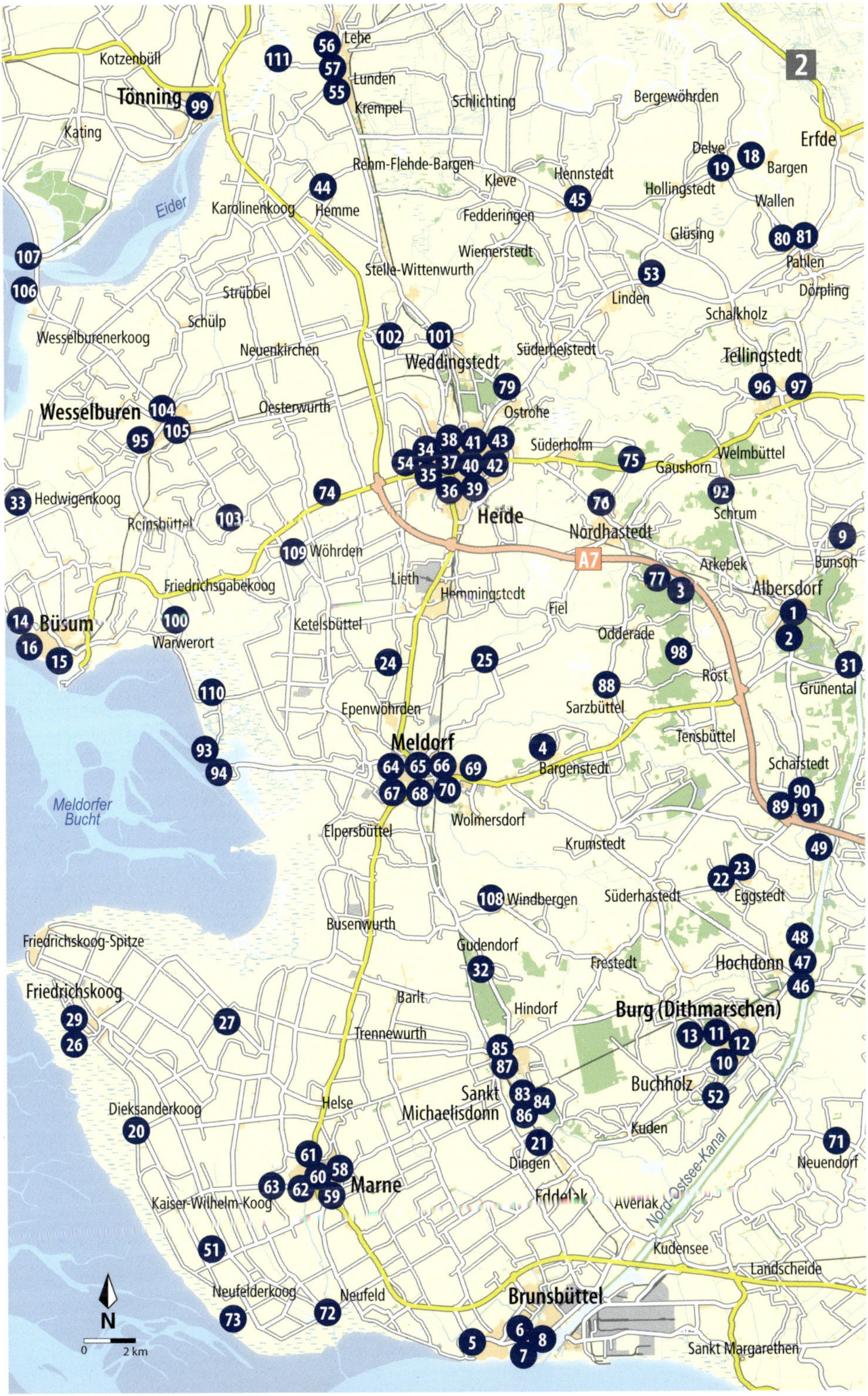
2
Kotzenbüll
Tönning
Kating
Lehe
Lunden
Krempel
Schlichting
Bergewöhrden
Erfde
Delve
Bargen
Rehm-Flehde-Bargen
Kleve
Hennstedt
Hollingstedt
Wallen
Eider
Karolinenkoog
Hemme
Fedderingen
Glüsing
Pahlen
Wiemerstedt
Stelle-Wittenwurth
Linden
Dörpling
Strübbel
Schalkholz
Schülp
Wesselburenerkoog
Neuenkirchen
Süderheistedt
Weddingstedt
Tellingstedt
Ostrohe
Wesselburen
Oesterwurth
Süderholm
Welmbüttel
Gaushorn
Hedwigenkoog
Reinsbüttel
Heide
Schrum
Nordhastedt
Wöhrden
A7
Arkebek
Bunsoh
Lieth
Albersdorf
Friedrichsgabekoog
Hemmingstedt
Fiel
Büsum
Ketelsbüttel
Odderade
Warwerort
Röst
Grünental
Epenwöhrden
Sarzbüttel
Meldorf
Tensbüttel
Bargenstedt
Schafstedt
Meldorfer Bucht
Wolmersdorf
Elpersbüttel
Krumstedt
Windbergen
Süderhastedt
Eggstedt
Friedrichskoog-Spitze
Busenwurth
Gudendorf
Frestedt
Hochdonn
Friedrichskoog
Barlt
Hindorf
Burg (Dithmarschen)
Trennewurth
Buchholz
Sankt Michaelisdonn
Dieksanderkoog
Helse
Kuden
Dingen
Neuendorf
Marne
Eddelak
Averlak
Nord-Ostsee-Kanal
Kaiser-Wilhelm-Koog
Kudensee
Landscheide
Neufelderkoog
Neufeld
Brunsbüttel
N
0
2 km
Sankt Margarethen

Jela Henning, Jens Hinrichsen
**111 Orte in und um Flensburg, die man gesehen haben muss**
ISBN 978-3-7408-0241-7

Jochen Reiss
**111 Orte in Kiel, die man gesehen haben muss**
ISBN 978-3-95451-705-3

Jochen Reiss
**111 Orte in Nordfriesland, die man gesehen haben muss**
ISBN 978-3-95451-627-8

Vito von Eichborn
**111 Orte zwischen Lübeck und Kiel, die man gesehen haben muss**
ISBN 978-3-95451-339-0

Jana Jürß
**111 Orte an der Mecklenburgischen Seenplatte, die man gesehen haben muss**
ISBN 978-3-95451-536-3

Alexandra Schlennstedt, Jobst Schlennstedt
**111 Orte in Lübeck, die man gesehen haben muss**
ISBN 978-3-95451-564-6

Alexandra Schlennstedt, Jobst Schlennstedt
**111 Orte an der Ostseeküste, die man gesehen haben muss**
ISBN 978-3-89705-824-8

Sina Beerwald
**111 Orte auf Sylt, die man gesehen haben muss**
ISBN 978-3-95451-511-0

Sina Beerwald
**22 Touren auf Sylt, die man gemacht haben muss**
ISBN 978-3-7408-0734-4

Sina Beerwald
**111 Orte auf Sylt, die Geschichte erzählen**
ISBN 978-3-7408-0726-9

Stefanie Sohr, Volko Lienhardt
**111 Orte auf St. Pauli, die man gesehen haben muss**
ISBN 978-3-7408-0685-9

Jochen Reiss
**111 Orte rund um Hamburg, die man gesehen haben muss**
ISBN 978-3-7408-0564-7

Rike Wolf
**111 Orte in Hamburg, die uns Geschichte erzählen**
ISBN 978-3-95451-418-2

Rike Wolf
**111 Orte in Hamburg, die man gesehen haben muss**
ISBN 978-3-7408-0775-7

Jela Henning, Jens Hinrichsen
**111 Orte in und um Schwerin, die man gesehen haben muss**
ISBN 978-3-7408-0635-4

Maren Kaschner, Anselm Neft
**111 Orte auf Rügen, die man gesehen haben muss**
ISBN 978-3-95451-837-1

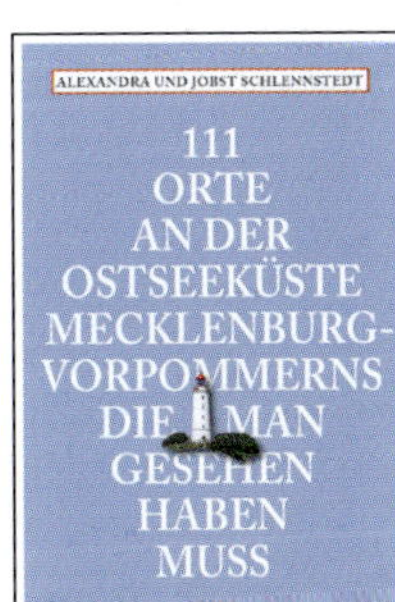


Alexandra Schlennstedt, Jobst Schlennstedt
**111 Orte an der Ostseeküste Mecklenburg-Vorpommerns, die man gesehen haben muss**
ISBN 978-3-7408-0742-9

Bernd Flessner
**111 Orte auf Juist, die man gesehen haben muss**
ISBN 978-3-7408-0548-7

Dorothee Fleischmann,
Carolina Kalvelage
**111 Orte im Weserbergland, die man gesehen haben muss**
ISBN 978-3-7408-0341-4

Christine Izeki, Gerald Roemer
**111 Orte im Wendland, die man gesehen haben muss**
ISBN 978-3-7408-1042-9

Ingo Stock
**111 Orte auf Spiekeroog, die man gesehen haben muss**
ISBN 978-3-7408-0339-1

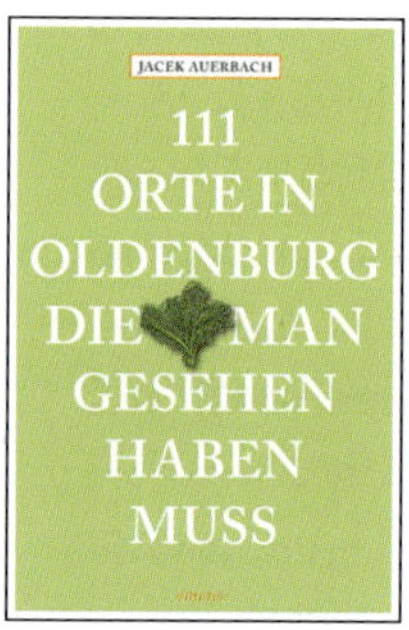


Jacek Auerbach
**111 Orte in Oldenburg, die man gesehen haben muss**
ISBN 978-3-7408-0249-3

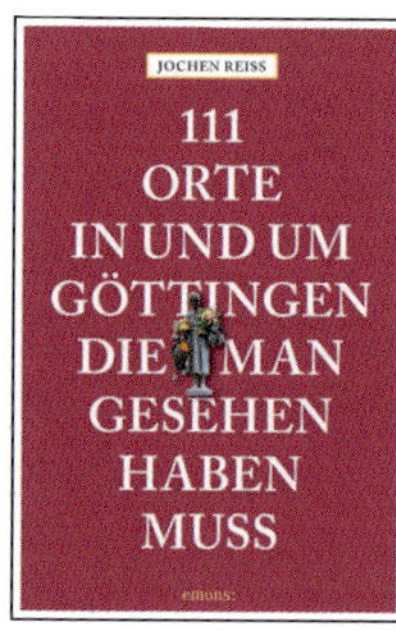


Jochen Reiss
**111 Orte in und um Göttingen, die man gesehen haben muss**
ISBN 978-3-7408-0730-6

Annett Rensing
**111 Orte in Osnabrück, die man gesehen haben muss**
ISBN 978-3-7408-0239-4

Norbert Ney, Sonja Bergot
**111 Orte in Ostfriesland, die man gesehen haben muss**
ISBN 978-3-95451-828-9

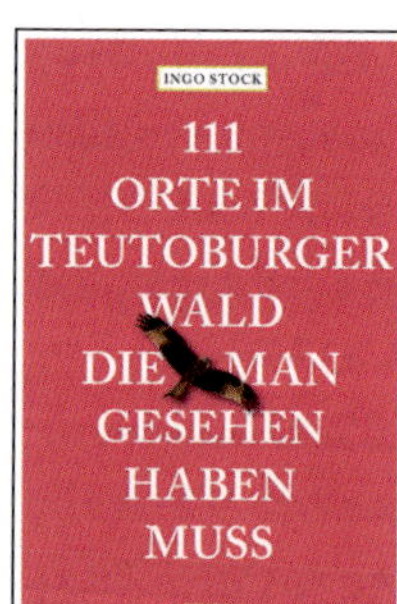


Ingo Stock
**111 Orte im Teutoburger Wald, die man gesehen haben muss**
ISBN 978-3-95451-859-3

Alexandra Schlennstedt,
Jobst Schlennstedt
**111 Orte in der Lüneburger Heide, die man gesehen haben muss**
ISBN 978-3-95451-844-9

Cornelia Kuhnert, Günter Krüger
**111 Orte rund um Hannover, die man gesehen haben muss**
ISBN 978-3-95451-707-7

Axel Klingenberg, Thomas Hackenberg
**111 Orte im Braunschweiger Land, die man gesehen haben muss**
ISBN 978-3-95451-671-1

Cornelia Kuhnert, Günter Krüger
**111 Orte in Hannover, die man gesehen haben muss**
ISBN 978-3-95451-086-3

Bernd F. Gruschwitz
**111 Orte in Bremen, die man gesehen haben muss**
ISBN 978-3-95451-210-2

Ralf Koss
**111 Orte in Dortmund, die man gesehen haben muss**
ISBN 978-3-7408-0649-1

Garnet Manecke, Vera Anders
**111 Orte in Mönchengladbach, die man gesehen haben muss**
ISBN 978-3-7408-0606-4

Fabian Pasalk
**111 Orte in Wuppertal, die man gesehen haben muss**
ISBN 978-3-7408-0247-9

Fabian Pasalk
**111 Orte in Essen, die man gesehen haben muss**
ISBN 978-3-95451-924-8

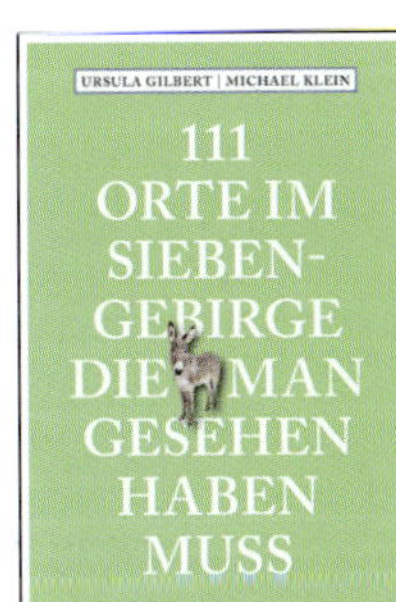


Ursula Gilbert, Michael Klein
**111 Orte im Siebengebirge, die man gesehen haben muss**
ISBN 978-3-95451-921-7

Markus Danner, Johannes Seibt
**111 Orte in Leverkusen, die man gesehen haben muss**
ISBN 978-3-95451-849-4

Eckhard Heck
**111 Orte in Bonn, die man gesehen haben muss**
ISBN 978-3-95451-212-6

Paul Stänner
**111 Orte im Münsterland, die man gesehen haben muss**
ISBN 978-3-95451-116-7

Ralf Koss, Stefanie Kuhne
**111 Orte im Bergischen Land, die man gesehen haben muss**
ISBN 978-3-95451-027-6

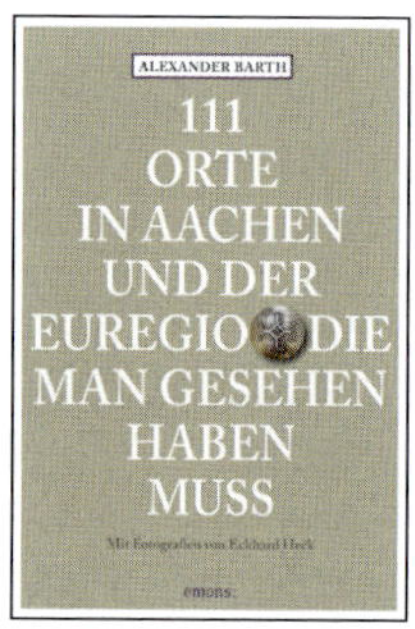


Alexander Barth, Eckhard Heck
**111 Orte in Aachen und der Euregio, die man gesehen haben muss**
ISBN 978-3-89705-931-3

Jörg Küster, Christina Kuhn, Katrin Höller
**111 Orte in Südwestfalen, die man gesehen haben muss**
ISBN 978-3-89705-926-9

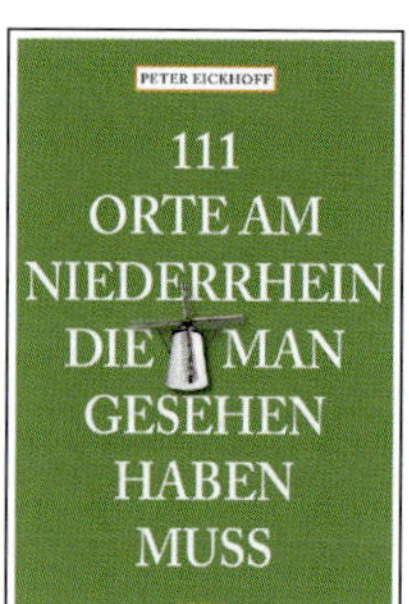


Peter Eickhoff
**111 Orte am Niederrhein, die man gesehen haben muss**
ISBN 978-3-89705-815-6

Bernd Imgrund, Nina Osmers
**111 Orte im Kölner Umland, die man gesehen haben muss**
ISBN 978-3-89705-777-7

Kirsten Elsner-Schichor
**111 Orte im Harz, die man gesehen haben muss**
ISBN 978-3-7408-0737-5

**Andreas Heineke** war Radiomoderator, Musikmanager und Dot-Com-Firmengründer. Seit über 20 Jahren lebt er in Dithmarschen und arbeitet hier als Filmemacher für den NDR. Er hat schon viele Filme im hohen Norden gedreht und ist immer wieder überrascht, was es hier oben alles so gibt.

**Sven Heineke,** 1969 in Hamburg geboren, fotografiert seit seinem 14. Lebensjahr. Die Verbindung von Reisen und Fotografieren brachte ihn dazu, Dia-Shows, später Multivision-Shows zu produzieren und diese in ganz Deutschland zu zeigen. Dann kam ein eigenes Fotostudio hinzu mit dem Schwerpunkt Familienfotografie, Babyshootings, Hochzeiten und Porträtfotografie. Seine größte Leidenschaft ist aber immer noch die Landschaftsfotografie, die er bei den 111 Orten in Dithmarschen ausleben kann.